Horst Bartnitzky/Gabriele Cwik (Hrsg.)

Berufseinstieg Grundschule

Herausgeber

Gabriele Cwik war Rektorin an einer Grundschule und pädagogische Mitarbeiterin im Ministerium für Schule und Weiterbildung des Landes Nordrhein-Westfalen. Sie ist Schulrätin in der Schulaufsicht der Stadt Essen und zuständig für Grundschulen.

Dr. Klaus Metzger ist Regierungsschuldirektor, war im Regierungsbezirk Schwaben/Bayern zuständig für alle fachlichen Fragen der Grundschule sowie die zweite Phase der Lehrerausbildung für Grund- und Mittelschulen. Er ist Fachlicher Leiter des Staatlichen Schulamtes Aichach-Friedberg in Schwaben/Bayern.

Die Autoren dieses Bandes

Horst Bartnitzky ist Grundschulpädagoge, **Claudia Henrichwark** und **Mechthild Jahnke** sind beide Schulleiterinnen. **Heide Luckfiel** arbeitet als Schulamtsdirektorin, **Vanessa Mayeres** ist Sachbearbeiterin für Personalangelegenheiten in der Bezirksregierung Düsseldorf. **Gabriele Mauermann** leitet das Referat Förderschule und Schule für Kranke im Ministerium für Schule und Weiterbildung des Landes Nordrhein-Westfalen. **Falko Peschel** ist Grundschullehrer und Erziehungswissenschaftler, **Angelika Speck-Hamdan** Professorin für Grundschulpädagogik und -didaktik an der Ludwig-Maximilians-Universität München und **Stefanie Welzel** arbeitet als Grundschullehrerin.

Horst Bartnitzky/Gabriele Cwik (Hrsg.)

Berufseinstieg: Grundschule

Cornelsen

Projektleitung: Gabriele Teubner-Nicolai, Berlin
Redaktion: Anja Sieber, Berlin
Reihengestaltung: zweiband.media, Berlin
Umschlaggestaltung: Claudia Adam, Darmstadt; Torsten Lemme, Berlin
Umschlagfoto: © auremar – Fotolia.com
Layout/technische Umsetzung: Ulla Barth, Berlin

www.cornelsen.de

2., überarbeitete Neuauflage 2012

Druck: CPI – Clausen & Bosse, Leck

ISBN 978-3-589-05192-2

Inhalt gedruckt auf säurefreiem Papier aus nachhaltiger Forstwirtschaft.

Inhalt

Vorwort

Dieses Buch richtet sich an alle, die neu in ihrem Grundschullehrerberuf starten – manche sofort nach dem Staatsexamen, andere erst nach vielen Jahren der Beurlaubung. Ihnen soll es einen Überblick über wichtige grundsätzliche Schulthemen geben, die lauten können:

- Welche Erwartungen hat eine Schulleiterin an mich, wenn ich mich an einer Schule bewerbe?
- Welche Rechten und Pflichten habe ich im Berufsalltag und wie kann ich meine Laufbahn planen?
- Wie kann ich mit Eltern umgehen, die sich Sorgen um ihre Kinder machen oder die mich als Lehrerin und Lehrer nicht ernst nehmen?
- Welche richtungsweisenden neuen Aufgaben, wie z. B. Inklusion oder Deutsch für Kinder mit Migrationshintergrund, müssen in der Schule gelöst werden?
- Was ist zu tun, wenn man sofort eine erste Klasse übernehmen muss?

Auf diese Fragen gehen die Autorinnen und Autoren dieses Bandes ein und geben weiterführende und vertiefende Literaturhinweise. Alle Beiträge verschaffen einen ersten Einblick und bilden eine Basis, um sich auf neue Aufgaben und damit eine persönliche Entwicklung einlassen und sich den vielfältigen Aufgaben des Lehrerberufs stellen zu können – auch bei einem Wiedereinstieg.

Wenn wir im Folgenden von Schülern, Lehrern oder Lehrpersonen sprechen, meinen wir damit geschlechtsneutrale Funktionsbegriffe.

Kopiervorlagen und Webcode: Sie können die Kopiervorlagen aus dem Buch entnehmen oder aus dem Internet als PDF-Datei herunterladen. Zu den PDF-Dateien finden Sie eine Zahlenkombination jeweils unter der Kopiervorlage. Geben Sie diese unter www.cornelsen.de/webcodes ein. Achten Sie bitte darauf, dass beim Ausdrucken bei Seitenanpassung „In Druckbereich einpassen" aktiviert ist, damit Sie eine DIN-A4-Seite bekommen.

Wünsche einer Schulleiterin

1

Mechthild Jahnke

Schmunzelnd las ich vor einiger Zeit den nicht namentlich gezeichneten Artikel „Als Gott die Grundschullehrerin erschuf …", der in Kollegien der Grundschulen die Runde machte und allgemeine Bestätigung erhielt. Zunächst wird darin die körperliche Belastbarkeit angesprochen, die notwendig ist, um den Schulalltag zu bewältigen:

> *Nerven wie Drahtseile, ein Rücken, auf dem sich alles abladen lässt, ein Schoß, auf dem 10 Kinder gleichzeitig Platz haben, sechs Paar Hände, drei Paar Augen, die den Rundumblick gewährleisten und gleichzeitig einem Kind, das sich auffällig verhält, vermitteln können, ich verstehe dich und habe dich lieb.*

Sicherlich ist es für den Berufsanfänger eine große Herausforderung, über sechs Unterrichtsstunden am Tag als Ansprechpartner für alle Belange der Kinder immer voll und ganz verfügbar zu sein. Die auftauchenden Probleme sind vielfältig: sei es die Wunde am gequetschten Finger, die eine Versorgung braucht; die frisch entstehende Beule, die ein Kühlpack benötigt; die umgeworfene Kakaoflasche auf dem Tisch, die Bücher und Hefte ertränkt; das leere Federmäppchen, aus dem alle Stifte verschwunden sind, der erste Zahn, der beim Frühstück herausbricht und nun sofort nach der Zahnfee verlangt; der Seelenschmerz, weil das Meerschweinchen erkrankt ist … Hier lassen sich endlos viele Ereignisse aneinanderreihen, die die volle Aufmerksamkeit einer Lehrperson verlangen – ach ja, Lehrperson: Lehren und Unterrichten ist der eigentliche Auftrag!

All dies sollte der Berufsanfänger auf alle Fälle exemplarisch in der Ausbildungsphase erlernt haben. Sicherlich neu wird jedoch das „Rundumpaket" sein, das bei der Einstellung mitgebucht wird. Hier geht es nicht mehr nur um einzelne Unterrichtsreihen, die geplant werden müssen, oder um besondere Einzelstunden, die der Fachleiter beurteilen konnte, sondern um die Erfüllung des gesamten Lehrplans in allen Fächern, auch denjenigen, die man nicht studiert hat und in denen man nicht ausgebildet wurde. Das verlangt eine hohe Leistungsbereitschaft verbunden mit der notwendigen Flexibilität, um sein Augenmerk auch auf alle pädagogischen Aspekte richten zu können. Begriffe wie z.B. „Sprachschwierigkeiten", „Dyskalkulie", „ADHS" und nicht zuletzt „Inklusion" müssen durch eine notwendige Differenzierung und individuelle Förderung in alltägliche Arbeit umgesetzt werden, bei der den Kindern deutlich wird, dass sie von dieser Lehrperson ernst genommen und angenommen werden.

Freude an der Arbeit mit Kindern haben

Die Arbeit mit den Kindern muss jeder Lehrperson Freude machen, das müssen Kinder sehen und spüren, natürlich immer mit der Motivation, sie alle im Blick zu haben und dort abzuholen, wo sie stehen. Das ist sicherlich ein hoher Anspruch, der einen auch manchmal in die Knie zwingt, aber recht schnell wieder auferstehen lässt, wenn man feststellt, welche sichtbaren Erfolge zu verzeichnen sind und die strahlenden Kinderaugen einem zeigen: Ich kann es!

Sich von den Kollegen Unterstützung holen

Neben der Arbeit mit den Kindern, die für mich die wichtigste, umfassendste und schönste ist – das wünsche ich mir für alle „Neuen" ebenso – muss der Berufsanfänger sich in seinem neuen Umfeld recht schnell einfinden können. Da gibt es das noch unbekannte Kollegium, das ihm gegenübersteht und ihn erwartungsvoll ansieht: „Wie ist sie (er) wohl?" Ich würde mir wünschen, dass derjenige recht bald auf die Kollegen, die z.B. auf der gleichen Stufe unterrichten, zugeht, um gemeinsam die weiteren nächsten Schritte zu planen, sei es die Unterrichtsvorbereitung oder die Vorhaben im kommenden Schuljahr. Hier findet man sicher auch Unterstützung, wenn es um die „Klassenleitergeschäfte" geht wie Listen führen, Gelder einsammeln, Termine setzen, Zeugnisse schreiben, Elterninformationen erstellen usw., um nicht in der Organisation zu ertrinken. Die neue Lehrkraft sollte mit „offenen Augen und Ohren" die Gepflogenheiten und Gewohnheiten des Kollegiums beobachten und sich dort allmählich einfinden und auch einbringen können. Die Mitarbeit am Schulprogramm sollte selbstverständlich sein. Ein „frischer Wind", der mit Ideen und Innovationen einhergeht, kann in einem schon länger bestehenden Kollegium vieles bewirken und anstoßen – dies ist der Wunsch eines jeden Schulleiters.

Weiterhin sollte der Berufsanfänger seine Kommunikationsfähigkeit für alle Arten von Elterngesprächen trainiert haben: Da gibt es die aufgebrachten Eltern vor der Klassentür; die misstrauischen Eltern auf dem Schulhof, in Grüppchen versammelt und immer wieder etwas Neues ausheckend; die Eltern, die ihre Kinder nur an der Klassentür abgeben und davon ausgehen, dass diese selbstverständlich wieder gut erzogen dort erscheinen; diejenigen, die sofort eine Note geändert haben wollen, weil … Er sollte allen Anfechtungen begegnen können, immer darauf bedacht, in einer angenehmen Gesprächsatmosphäre das Beste für das Kind im Auge zu haben.

Als Gott die Grundschullehrerin erschuf, machte er bereits den sechsten Tag Überstunden. Da erschien der Engel und sagte: ‚Herr, ihr bastelt aber lange an dieser Figur!' … ‚Kann sie auch denken?', fragte der Engel. ‚Nicht nur denken, sondern auch urteilen und Kompromisse schließen.' … Schließlich beugte sich der Engel vor und fuhr mit dem Finger über die Wange des Modells. ‚Da ist ein Leck', sagte er. ‚Ich habe euch ja gesagt, Ihr versucht zu viel in das Modell hineinzupacken.' ‚Das ist kein Leck,' sagte der liebe Gott, ‚das ist eine Träne.' ‚Wofür ist sie?' ‚Sie fließt bei Freude, Trauer, Enttäuschung, Schmerz und Verlassenheit.' ‚Ihr seid ein Genie!', sagte der Engel.

„Als Gott die Grundschullehrerin erschuf …" finden Sie unter http:/overberg-epe.de/allerlei/alsgott.htm

An dem Modell „Grundschullehrerin" lässt sich sicher noch eine Vielzahl von wünschenswerten Eigenschaften festmachen. Für mich ist jedoch die wichtigste die positive Zugewandtheit zum Kind, die es möglich macht, Kinder zu begeistern.

Ich stelle übrigens immer wieder die Frage: „Warum sind Sie Grundschullehrer geworden?" Bei der Beantwortung möchte ich die Gründe u. a. auch in der Mimik und in den Augen ablesen können.

Das Vorstellungsgespräch

- Informieren Sie sich über die Schule, den Kreis oder die Stadt.
- Schauen Sie sich das Einzugsgebiet der Schule an.
- Proben Sie ein Einstellungsgespräch, z. B. im Bekanntenkreis.

2 Die Netzwerkarbeit vor Ort

Claudia Henrichwark

Der Begriff „Netzwerk" wird häufig mit der digitalen Welt assoziiert, die Sie sicherlich aus Ihrem Alltag kennen. Möglicherweise sind auch Sie Mitglied in mindestens einem digitalen, sozialen Netzwerk, das Sie mit Freunden, Arbeitskollegen und anderen Mitmenschen verbindet. Sich hier als Lehrkraft auszukennen, ist sicherlich von großer Bedeutung – doch soll an dieser Stelle zugunsten der persönlichen Netzwerkarbeit zurückstehen. Im Fokus dieses Beitrags steht die konkrete Netzwerkarbeit vor Ort – in der Schule, im Stadtteil, in der regionalen Bildungslandschaft. Es wird aufgezeigt, warum Sie vielfältige Kontakte benötigen, wie Sie diese aufbauen und nutzen – kurz: wie „Netzwerken" ein Teil Ihrer Arbeitsroutine wird. Beschrieben werden in erster Linie Situationen und Netzwerke für die Arbeit in Schulen, in denen Lehrkräfte ein hohes Maß kultureller oder sozialer Distanz erleben, also Schulen in sogenannten sozialen Brennpunkten.

Bereits in Ihrer Ausbildungszeit haben Sie erleben können, dass sich das Lehrerbild und damit die Aufgaben einer Lehrkraft gewandelt haben. Als Studierende bzw. Lehramtsanwärterinnen und -anwärter erhielten Sie bereits Einblicke in das Arbeitsfeld einer Lehrkraft über den Tellerrand des Unterrichtens hinaus – mehr als es Ihnen vielleicht bewusst war, bevor Sie sich für diesen Beruf entschieden haben. Dennoch: Der erste Anstellungsvertrag als Lehrkraft in einem neuen System stellt eine große Herausforderung dar. Nicht selten als Klassenleitung eingesetzt, stehen Sie nicht nur vor der Aufgabe, fachfremden Unterricht zu erteilen, sondern sind von einem Moment auf den anderen mit einer Lerngruppe mit einer Größe von 25 Schülern und deren Schicksalen sowie deren Familien konfrontiert.

Da ist Paul, der Ihnen bereits in den ersten Minuten auffällt, weil er trotz eisiger Temperaturen viel zu dünn gekleidet ist. Außerdem haben Sie nachmittags noch immer Ahmet im Gedächtnis, der durch seinen Bewegungsdrang den Unterricht störte und sich auf kein Gespräch mit Ihnen einließ. Carina wirkte sehr ungepflegt und saß allein an ihrem Tisch. Suna arbeitete sehr eigenständig und schien den anderen Kindern weit voraus. Kerim war nicht nur einmal in eine körperliche Auseinandersetzung verwickelt.

Diese Liste ließe sich fortsetzen, denn bereits am ersten Tag haben Sie viele neue Schüler kennengelernt, die individuell betrachtet werden wollen und müssen. Und wie viele Kinder sind Ihnen gar nicht aufgefallen? Gibt es dafür nicht möglicherweise auch einen Grund, den es zu hinterfragen gilt? Nicht jedes Verhalten muss problematisiert werden und doch haben alle Schüler Ihrer Klasse einen Anspruch darauf, individuell gefördert zu werden. Diese individuelle Förderung kann nur gelingen, wenn auf fachlicher Seite sauber diagnostiziert wird, Lernstände erhoben werden, Lerntypen identifiziert werden usw. Aber: Auch wenn manche nur den Kopf in die Schule schicken möchten, immer kommt das ganze Kind! (vgl. FORSTER 1993). Das heißt, es gilt auch Lernwiderstände zu ermitteln, die nicht nur im kognitiven Bereich, sondern möglicherweise im emotionalen und psychischen Bereich liegen – Facetten eines Kindes, mit denen sich Lehrkräfte nur bedingt auskennen und wo Sie auf Hilfe und Unterstützung von außen angewiesen sind.

Nicht nur der Kopf, sondern das ganze Kind kommt in die Schule.

In diesem Beitrag wird aufgezeigt, warum Netzwerkarbeit einen Gewinn sowohl für Lehrkräfte als auch für die Kinder und deren Familien bedeutet. Besonders herausgestellt werden dabei die Aspekte „Rollenklarheit und Gesunderhaltung“, das Recht des Kindes auf einen „multiprofessionellen Blick“ sowie Effekte der „Entlastung und Zeitökonomie“. Abschließend werden Beispiele aus dem Alltag skizziert.

Dabei gilt immer der Grundsatz: Die Arbeit in sozialen Netzwerken ist kein Selbstzweck. Es geht nicht darum, möglichst viele Kontakte aufzubauen, sondern professionelle Kooperationen zu initiieren, die für die Beteiligten einen Mehrwert erbringen.

2.1 Rollenklarheit und Gesunderhaltung

Bereits in den ersten Wochen Ihrer Tätigkeit werden Sie feststellen: Lehrer werden zu allen möglichen Themen um Rat gefragt, sind für fast alles verantwortlich, sollen möglichst alle Probleme lösen, dürfen sich aber nicht zu sehr einmischen. Anders formuliert: Sie übernehmen unterschiedliche Rollen oder tragen verschiedene Hüte (vgl. SEIWERT 2005) als Wissensvermittler, Moderator von Lernprozessen, Erzieher und Erziehungsberater, aber manchmal auch als Eheberater, Konfliktvermittler, Ergotherapeut, Logopäde usw. Diesen Ansprüchen können Sie nicht gerecht werden! Dennoch werden Sie damit konfrontiert und so empfiehlt es sich, frühzeitig als Netzwerker tätig zu werden.

Lehrkräfte sind per se Spezialisten für die Bildung und Erziehung der Kinder in der Schule. Der Ort „Schule“ sei an dieser Stelle ausdrücklich erwähnt, denn es gibt weitere Spezialisten für die breite Aufgabe der Erziehung. Diese kommen genau dann zum Einsatz, wenn zum Beispiel der Einfluss des familiären Umfelds des Schülers so stark wird, dass der Auftrag der schulischen Bildung überlagert wird:

- prekäre Familienverhältnisse, wie Armut, familiäre Gewalt, Vernachlässigung, Misshandlung, Missbrauch,
- Trennung der Eltern,
- Erkrankung von Familienmitgliedern, usw.

All dies können Themen sein, die oft ohne Vorwarnung auf Sie einströmen. Diese müssen von Ihnen registriert, ggf. weitergeleitet, aber nicht zwingend gelöst werden – auf keinen Fall alleine! Die jungen Kollegen müssen es häufig mehrfach hören und lesen: *Sie müssen nicht alle Probleme (alleine) lösen*. Kooperation ist gewollt und macht sie stärker – nicht schwächer. Sie sind weder Sozialpädagoge, Sozialarbeiter oder Psychologe noch Logopäde, Ergotherapeut usw. Diese Berufe sind dazu da, dass Sie sich mit diesen vernetzen und gemeinsam aus unterschiedlichen professionellen Richtungen auf das Kind schauen.

Lernen Sie, Anforderungen zu delegieren.

Um Missverständnisse zu vermeiden: Um effektiv helfen zu können, müssen Sie auch lernen, sich von Anforderungen zu distanzieren. Das ist nicht immer einfach, aber auch hierbei hilft ein effektives Netzwerk, mit dem Sie sich beraten und an das sie Anforderungen delegieren können. Ihr Fokus ist auf den Lernerfolg der Schüler ausgerichtet, denn dafür wurden Sie ausgebildet. Dem Kind steht darüber hinaus ein multiprofessioneller Blick auf seine Lern- und Lebenssituation zu, wobei vielleicht zunächst andere Probleme bearbeitet werden müssen, damit Lernen und Bildung erst möglich wird.

Viele Lehrkräfte haben im Laufe ihrer Lehrtätigkeit verinnerlicht, dass Sie Einzelkämpfer sind. Im Klassenraum ist dies leider auch häufig der Fall. Nur selten haben Sie zurzeit die Gelegenheit, in einem multiprofessionellen Team zu arbeiten. Allein im „Gemeinsamen Unterricht“ eröffnet sich möglicherweise die Chance der gemeinsamen Arbeit mit Sonderpädagogen.

Außerhalb des Unterrichts sind Sie aber nicht allein. Lassen Sie es von Beginn an zur Routine werden, nach Partnern und Verbündeten zu suchen. Beginnen Sie so früh wie möglich mit dem Aufbau Ihres Netzwerkes und lernen Sie damit auch von Beginn an, abzugeben. Verantwortung zu teilen oder auch vollständig an kompetente Partner abzugeben, entlastet und gibt Kraft für andere Aufgaben. Nicht zuletzt müssen Sie – bei allem Bestreben zu helfen – auf die Erhaltung Ihrer Leistungsfähigkeit und Gesundheit achten.

2.2 Multiprofessioneller Blick

Für das Kind gibt es manchmal wichtigere Dinge als das Lernen – auch wenn Sie aus der Lehrerperspektive seine Lernfreude und Motivation erhalten bzw. aufbauen möchten und ihm so maximalen Schulerfolg ermöglichen wollen. Wie oben bereits erwähnt, gibt es im Leben mancher Schüler Phasen, in denen z. B. die Familie oder das soziale Umfeld ihr Lernen behindern oder sogar verhindern.

Gönnen Sie dem Kind einen nicht verschulten Blick auf seine Situation. Jede Profession hat ihren eigenen Blickwinkel, andere Prioritäten und für Schule manchmal unkonventionelle Wege. Bauen Sie für Ihre Schüler ein multiprofessionelles Netzwerk auf, das viele Fachkompetenzen versammelt und effektive Lösungswege im Sinne des Kindes aufzeigt. Bedenken Sie auch, dass die soziale Distanz möglicherweise Ihren Blick auf das Kind verfälscht. Viele Dinge, die für Sie in Ihrem sozialen Umfeld selbstverständlich erscheinen, sind in anderen sozialen, kulturellen Zusammenhängen unglaublich und umgekehrt. Nicht immer, wenn sich ein Kind nicht erwartungsgemäß verhält, ist ein dringender Handlungsbedarf angesagt. Nutzen Sie dabei auch die Kompetenzen im Kollegium bzw. bei rechtlichen Fragen auch Ihre Schulleitung.

2.3 Entlastung und Zeitökonomie

Zunächst muss an dieser Stelle darauf hingewiesen werden, dass die Schule natürlich schon zahlreiche Kontakte aufgebaut hat und pflegt. Oft müssen nicht neue Wege beschritten und neue Partner gefunden werden, sondern neue Kollegen können bei ggf. sogar regelmäßigen Austauschtreffen vorgestellt werden. Es empfiehlt sich daher auch, im Kollegium nach bestehenden Kontakten zu fragen. Nur allzu leicht können Sie als neues Mitglied im Kollegium als übereifrig oder sogar übergriffig empfunden werden. Am besten, Sie visualisieren zunächst einmal „Ihr" Netzwerk:

Was ist passiert?	Wer kann helfen?	Institution	Kontaktdaten

Gelingende Kooperation zwischen unterschiedlichen Anlaufstellen

Viele Ereignisse werden ohne Ankündigung auf Sie „einstürzen". Es hat sich bewährt, Kontakte zu den unterschiedlichen Stellen wie Jugendamt, Jugendkontaktbeamte der Polizei, Schulpsychologische Beratungsstelle usw. schon im Vorfeld aufzubauen und im konkreten Fall zu aktivieren. Persönliche Kontakte im Vorfeld schützen vor Konkurrenzdenken und Missverständnissen zwischen den Professionen, nachfolgend einmal exemplarisch am Beispiel SCHULE – JUGENDAMT dargestellt:

JUGENDAMT
„Was glauben die eigentlich?
Wir können doch nicht einfach Kinder mitnehmen – vor allem nicht bei so einer Bagatelle. Die müssen erst mal im richtigen Leben ankommen."

SCHULE
„Hoffentlich holen die das Kind nicht sofort aus der Familie"

Kind

JUGENDAMT
„Wieso kommen die erst jetzt damit? Das Kind ist doch offenbar schon länger auffällig. Wenn wir da mal früher eine Meldung bekommen hätten. Kennen die ihre Schüler und Schülerinnen nicht?"

SCHULE
„Hoffentlich holen die bald das Kind aus der Familie. Wie lange wollen die denn noch zusehen?"

Solche Missverständnisse zwischen verschiedenen Professionen sind nicht ungewöhnlich und basieren meistens darauf, dass die eine Seite zu wenig von der anderen weiß. Klärende Gespräche zwischen gleichberechtigten Partnern sind hier ein Weg zum Erfolg. Lassen Sie sich informieren über Rollen, Aufgaben und Möglichkeiten des Jugendamtes, zeigen Sie Ihre Möglichkeiten und vor allem Grenzen auf und loten Sie dann ein gemeinsames Vorgehen aus. Stellen Sie eine Transparenz her zwischen möglichen Verfahren und Leistungen. Wertschätzung der anderen Profession ist hierbei das Schlüsselwort. Was hier an den Institutionen Jugendamt und Schule verdeutlich wurde, gilt natürlich ebenso für andere Kooperationspartner.

Korrekter Umgang mit der Schweigepflicht

Schüler, aber auch ggf. deren Familien, haben ein Recht auf den Schutz ihrer persönlichen Daten. Gehen Sie mit vertraulichen Informationen sorgsam um. Gewöhnen Sie es sich an, „Fälle" mit Kooperationspartnern zunächst anonym zu erörtern.

2.4 Beispiele aus dem Alltag

Wie wertvoll Ihr Netzwerk im Unterrichtsalltag sein könnte, soll nachfolgend aufgezeigt werden. In der Regel folgt das Vorgehen bei subjektiv nicht erwartungsgemäßem Verhalten, Aussehen usw. eines Kindes einem festen Schema:

- Sammeln der Fakten und Beschreiben der Situation ggf. über einen längeren Zeitraum, bis ein klareres Bild entsteht. Vermeiden Sie blinden Aktionismus!
- Bestehen Zweifel an Ihrer Wahrnehmung oder Klärungsbedarf: Tauschen Sie sich mit anderen Lehrkräften oder sozialpädagogischen Fachkräften der Schule aus. Ist es für das Fallverstehen nicht zwingend notwendig (Familie), sollte dieser Austausch anonym erfolgen. Suchen Sie darüber hinaus Kontakt zu Partnern in Ihrem Netzwerk und diskutieren Sie den Fall anonym.
- Versuchen Sie die Situation des Kindes so genau wie möglich zu beschreiben und stellen Sie vielschichtige unterschiedliche Fragen. Hierbei hilft das multiprofessionelle Netzwerk, da die Kooperationspartner die Äußerungen und das Verhalten eines Kindes vor ihrem professionellen Hintergrund ihren Erfahrungen, möglicherweise ganz anders interpretieren.
- Natürlich sollte die sensible Kommunikation mit den betroffenen Kindern und dessen Eltern an erster Stelle stehen. Sollten Sie dennoch Hilfen von außen für das Kind als notwendig erachten, dann stimmen Sie sich gemeinsam mit den Kooperationspartnern im Netzwerk ab.

Mangelnde elterliche Fürsorge oder Erpressung/Bedrohung

> Paul trägt trotz der draußen herrschenden Minustemperaturen nur ein T-Shirt. Außerdem weigert er sich, in der Pause eine Jacke anzuziehen.

Klärungsfragen	Handlungsmöglichkeiten
Hat Paul die Wohnung in angemessener Kleidung verlassen?	• Kind oder Eltern befragen

Wenn Paul keine angemessene Kleidung besitzt: Warum nicht?	• Geldnot aufgrund von Arbeitslosigkeit: Verweis auf Hilfe zum Ausfüllen von Anträgen • Geldnot aufgrund von Misswirtschaft: Verweis auf Schuldnerberatung bzw. auf weitere Unterstützungsangebote zur Verbesserung der finanziellen Haushaltsführung • Aktueller Engpass:Verweis auf die Kleiderkammern unterschiedlicher sozialer Dienste • Überforderung der Familie bei der elterlichen Fürsorge: Kontakt zum Jugendamt
Wenn Paul beim Verlassen der Wohnung angemessene Kleidung trägt: Wo ist seine Kleidung?	• Paul versteckt seine Kleidung aufgrund schulinternen Mobbings: Arbeit im Unterricht/in der Schule zur Verbesserung des sozialen Klimas und Stärkung sozialer Kompetenzen = Kooperation mit sozialpädagogischen Fachkräften der Schule • Erpressung/Bedrohung durch Mitschülerinnen und Mitschüler: schulinterne Maßnahmen = Kooperation mit sozialpädagogischen Fachkräften der Schule • Erpressung/Bedrohung durch Schulexterne: Kontakt zu Jugendkontaktbeamten der Polizei

Carina ist ungepflegt und niemand möchte neben ihr sitzen. Sie trägt häufig mehrere Tage hintereinander dieselbe zu enge, verdreckte Kleidung und sie verströmt einen unangenehmen Geruch.

Klärungsfragen	Handlungsmöglichkeiten
Wie sind die Wohnverhältnisse der Familie?	• Befragung und sensibles Gespräch mit dem Kind • Gespräch mit der Familie • ggf. Hausbesuch (der Sozialarbeiterin?)
Warum kann Carina die Kleidung nicht häufiger wechseln?	• Chaos bei der Haushaltsführung: Hinweis auf Unterstützungssystem des ASD (Allgemeiner Sozialdienst) • Überforderung der Familie bei der elterlichen Fürsorge: Kontakt zum Jugendamt • Geldnot auf Grund von Arbeitslosigkeit: Verweis auf Hilfe zum Ausfüllen von Anträgen (für Waschmaschine, …) • Geldnot auf Grund von Misswirtschaft: Verweis auf Schuldnerberatung bzw. auf weitere Unterstützungsangebote zur Verbesserung der finanziellen Haushaltsführung • Aktueller Engpass: Verweis auf die Kleiderkammern unterschiedlicher sozialer Dienste

Besonderer oder sonderpädagogischer Förderbedarf?

Kerim lässt sich leicht provozieren und ist häufig in körperliche Auseinandersetzungen auf dem Schulhof verwickelt.

Klärungsfragen	Handlungsmöglichkeiten
In welchen Situationen gerät Kerim in Konflikte?	• Befragung des Kindes • Gespräche in der Gruppe führen, um Auslöser zu konkretisieren • eigene Beobachtungen verschriftlichen
Welche Auslöser lassen sich für die Konflikte identifizieren?	• Machterprobung gegenüber jüngeren Kindern: Training sozialer Kompetenzen • Positionskampf innerhalb der sozialen Gruppe: ggf. Coolnesstraining, AG Ringen und Raufen • Opfer von Gewalt/Mobbing: ggf. Einrichtung von Helfersystemen im Klassenverband • Rollenunklarheit: Thematisierung z. B. von Rechten und Pflichten bzw. Gleichberechtigung der Kulturen, der Geschlechter, usw.
Welche Konfliktlösungsstrategien sind in der Schule/ der Klasse etabliert?	• Kollegium bzw. Schulleitung fragen, z. B. nach den Programmen Faustlos, Teamgeister, Streitschlichter und anderen Maßnahmen zur Stärkung sozialer Kompetenzen • gezielte Erarbeitung von Handlungs- und Konfliktlösungsstrategien möglichst auf Grundlage existierender Programme
Wie ist die Situation in Familie und Freizeit?	• Erziehungsschwierigkeiten in der Familie: Verweis an die Erziehungsberatung • Rollenunklarheit auch gegenüber weiblichen Familienmitgliedern: Einschaltung von ggf. kulturellem Vermittler
Hat Kerim bereits an den etablierten Trainings teilgenommen?	• Möglicherweise sind die Unterstützungssysteme der Schule nicht ausreichend und das Kind benötigt eine nicht nur besondere sondern sonderpädagogische Förderung seiner emotionalen und sozialen Entwicklung. Dann: Beratung und Beobachtung durch eine Sonderpädagogin und ggf. Antrag zur Überprüfung eines sonderpädagogischen Förderbedarfs

Deutsch als Zweitsprache – Förderung von Seiteneinsteigern?

Özlem ist ein stilles Mädchen, das sich nie am Unterricht beteiligt. Bei der ersten Kontaktaufnahme wird Ihnen bewusst: dieses Kind hat keinerlei Deutschkenntnisse.

Klärungsfragen	Handlungsmöglichkeiten
Welche Förderangebote gibt es in Ihrer Schule?	• Kollegium/Schulleitung fragen • Material in die individuelle Förderung im Unterricht einbinden • ggf. Lehrerfortbildung besuchen oder schulinterne Kurzfortbildung initiieren
Gibt es an Ihrer Schule ausgebildete DAZ-Lehrkräfte?	• Diagnostik durch Fachlehrkraft • ggf. gezielte, tägliche stundenweise Förderung durch Fachlehrkraft
Welche Möglichkeiten bietet die Schule über den Unterricht hinaus, um den Kontakt zur deutschen Sprache zu intensivieren?	• ggf. Anmeldung im offenen Ganztag • ggf. Teilnahme an Arbeitsgemeinschaften
Welche Förderangebote gibt es in der Stadt? (Dies ist lokal/regional sehr unterschiedlich. An dieser Stelle können nur exemplarisch einige Stichpunkte genannt werden.)	Verweisen Sie die Familie an: • RAA (Arbeitsstellen zur Förderung von Kindern und Jugendlichen aus Zuwandererfamilien) • Integrationsbeirat • interkulturelle Begleiter • Kulturverein, Moschee

In der Praxis werden Sie feststellen: Netzwerke erleichtern die Arbeit! Auch wenn unterschiedliche Professionen oft eine unterschiedliche Sprache sprechen.

Rechte und Pflichten der Lehrkraft

3

Vanessa Mayeres

Zu Beginn der Dienstzeit haben viele Lehrer grundsätzliche Fragen zum Beamtenrecht, um Ihren Berufsweg planen zu können. Im Folgenden haben wir einige Fragen aufgenommen, und zwar so, wie sie den Schulleitern oder den Mitgliedern des Personalrates im Alltag gestellt werden.

3.1 Beamtenrecht

Fragen und Antworten

Grundsätzliches

▶ **BEAMTENRECHT 1**

Ich habe mein zweites Staatsexamen und möchte nun an einer Schule als Lehrerin beginnen. Wie gehe ich vor?

In den Online-Datenbanken, die es mittlerweile in allen Bundesländern gibt, findet man oft wie folgt lautende Anzeigen:

Stellenausschreibung
Eine Schule schreibt eine unbefristete Stelle aus, eine sogenannte schulscharfe Stellenausschreibung.
Das Schulamt schreibt eine unbefristete Stelle für die flexible Vertretungsreserve aus.
Eine Schule schreibt eine zeitlich begrenzte Vertretungsstelle aus für eine Kollegin oder für einen Kollegen in einer längerfristigen Erkrankung oder im Erziehungsurlaub bzw. für eine Kollegin, die sich im Mutterschutz befindet.

Eigenes Vorgehen

- Senden Sie Ihre Bewerbung mit den Unterlagen an die entsprechende Dienststelle. Von dort erhalten Sie eine Einladung zum Bewerbungsgespräch.
- Selbstverständlich können Sie sich auf mehrere Stellen bewerben. Sollten sich dann mehrere Dienststellen für Sie entschieden haben, können Sie aus diesen Angeboten auswählen. Achten Sie darauf, dass die Zusage aber an bestimmte zeitliche Rahmen gebunden ist.

▶

- Am Dienstort werden Sie dann Ihren Vertrag unterschreiben bzw. Ihren Dienstantritt.
- Wenn Sie sich für eine schulscharfe Ausschreibung einer Schule entschieden haben, sind Sie Beamtin auf Probe. Zum Abschluss dieser Zeit wird der Schulleiter einige Unterrichtsbesuche bei Ihnen durchführen. Anschließend findet noch ein Gespräch mit Ihnen statt. Für den Schulleiter sind diese beiden Ereignisse und die Beobachtungen während des Schulalltags, in Konferenzen und anderen schulischen Ereignissen die Grundlage für eine Dienstliche Beurteilung. Fällt die Dienstliche Beurteilung gut aus, werden Sie zur Beamtin auf Lebenszeit berufen.
- Sollten Sie sich für eine Stelle im Schulamt entschieden haben, dann kann das Schulamt für zwei Jahre über Ihren Dienstort bestimmen. Nach zwei Jahren werden Sie einer Schule zugeordnet.
- Sollten Sie eine befristete Vertretungsstelle an einer Schule erhalten haben, sind Sie nur für diese begrenzte Zeit im Schuldienst. Wenn der Vertrag endet, müssen Sie sich neu bewerben. In diesem Fall sind Sie im Angestelltenverhältnis beschäftigt.

▶ BEAMTENRECHT 2

Habe ich als Lehrerin im Angestelltenverhältnis andere Pflichten?

- Egal, ob Sie verbeamtet sind oder im Angestelltenverhältnis arbeiten, Sie unterliegen allen Pflichten und Aufgaben, die in der Allgemeinen Dienstordnung aufgeführt sind.

▶ BEAMTENRECHT 3

Ich möchte nach meinem Mutterschutz wieder mit der Arbeit an der Schule beginnen.

Nach Beendigung des Mutterschutzes werden Sie sofort wieder an Ihrer Schule eingesetzt. Wenn Sie nach Ihrem Erziehungsurlaub wieder in den Dienst möchten, ist die Länge des Erziehungsurlaubs für den Einsatzort von Bedeutung. Es wird zwischen zwei Situationen unterschieden:

- Wenn Sie nach weniger als einem Jahr (Mutterschutz + Erziehungsurlaub) wieder mit dem Dienst beginnen wollen, dann werden Sie an Ihren letzten Dienstort zurückkehren können.
- Wenn Sie länger als ein Jahr im Erziehungsurlaub (Mutterschutzzeit + Erziehungsurlaub) waren, dann müssen Sie einen Antrag auf Wiedereingliederung stellen. Die Bezirksregierung wird Sie einem Schulamt zuweisen. Von dort werden Sie einer Schule zugeteilt.

Kann ich während des Erziehungsurlaubs arbeiten?

- Ja, Sie können sich selbst während Ihres Erziehungsurlaubs vertreten. Die Vertretungsstelle wird Ihnen von Ihrem zuständigen Schulamt zugewiesen.

▶

Welchen beamtenrechtlichen Status habe ich nach dem Erziehungsurlaub?

- Ihr Status ist der gleiche, unter dem Sie in den Mutterschutz und den anschließenden Erziehungsurlaub gegangen sind.

Ich möchte in Teilzeit arbeiten.

- Stellen Sie einen Antrag auf dem Dienstweg bei Ihrer zuständigen Bezirksregierung, die die Genehmigung ausspricht.

Ich möchte gerne Konrektor bzw. Rektor werden. Was muss ich dafür tun?

- Schicken sie eine formlose Bewerbung (ggf. mit Lebenslauf) auf dem Dienstweg an die jeweilige Bezirksregierung. Sollte die Bewerbungsfrist bald enden, so ist zu empfehlen die Bewerbung vorab per Fax einzureichen. Entscheidend für die Fristwahrung ist der Eingang der Bewerbung bei der Behörde. Wann die Bewerbung auf den Weg gebracht wurde ist unerheblich. Es ist nicht erforderlich Zeugnisse oder Nachweise über durchgeführte Fortbildungen der Bewerbung beizufügen, da sich diese bereits in Ihrer Personalakte befinden.
- Zulässigkeitsprüfung der Bewerbung abwarten. Hier ist vor allem die bisherige Dienstzeit ein wichtiges Kriterium (vgl. § 53 a LBG). Sollte die Bewerbung unzulässig sein, so wird Ihre Bewerbung durch die zuständige Bezirksregierung zurückgewiesen. Bei einer Zulässigkeit erfolgt die Veranlassung der dienstlichen Beurteilung.
- Die oder der zuständige Schulaufsichtsbeamte wird sich zum Zwecke der Terminvereinbarung bei Ihnen melden.
- Nach der Erstellung der dienstlichen Beurteilung wird diese zur Überprüfung an die Bezirksregierung übersandt. Anschließend erfolgen, je nach Art der Funktionsstelle (Rektor/in, Konrektor/in), weitere Verfahrensschritte. Das Verfahren zur Besetzung einer Rektorenstelle dauert in der Regel länger, da zusätzliche Verfahrensschritte vorgesehen sind und teilweise für diese auch eine andere Frist zugrunde gelegt wird.
- Bei der Besetzung einer Konrektorenstelle erfolgt jedoch zunächst lediglich eine Beauftragung zur Wahrnehmung der Aufgaben einer stellvertretenden Schulleitung an der jeweiligen Schule. Diese Beauftragung wird, je nach Fallkonstellation durch das Schulamt oder durch die Bezirksregierung erteilt. Diese Beauftragung dient zur Erprobung in dem neuen Aufgabenbereich, beinhaltet keine Beförderung und stellt auch keinen Anspruch auf eine Beförderung nach der geleisteten Erprobungszeit von sechs Monaten (§ 10 LVO) dar. Erst nach Bewährungsfeststellung kann eine entsprechende Ernennungsurkunde ausgehändigt werden. Mit dieser Urkunde sind eine Änderung der Amtsbezeichnung (Konrektor/in) sowie die Beförderung (je nach ausgeschriebener Stelle) verbunden.

3.2 Aufgaben an der Schule

Fragen und Antworten

Grundsätzliches

Muss ich an der Schule sofort eine erste Klasse übernehmen?

- Insbesondere an kleineren Schulen ist es erforderlich, dass alle Lehrkräfte auch eine Klassenleitung übernehmen.

Wer bestimmt den Umfang der zu leistenden Aufsichten?

- Anteilig zu Ihrem Umfang zur Unterrichtsverpflichtung (Vollzeit 28 Stunden oder z. B. Teilzeit 14 Stunden) werden Sie Aufsichten vor dem Unterricht, in den Pausen und nach dem Unterricht übernehmen. Grundsätzlich werden diese Absprachen in einer Lehrerkonferenz getroffen. In Ausnahmefällen kann der Schulleiter eine sofortige anordnen.

Muss ich an allen Konferenzen teilnehmen?

- Hier muss unterschieden werden zwischen den Kollegen, die in Vollzeit arbeiten und denen, die in Teilzeit arbeiten.
- Die Kollegen, die in Vollzeit arbeiten, sind zur Teilnahme an allen Konferenzen verpflichtet.
- Auf die Kollegen, die in Teilzeit arbeiten, sollte entsprechend Rücksicht genommen werden. Diese sollten aber an den pädagogischen Konferenzen grundsätzlich teilnehmen, da diese zur Fortführung des Schulprogramms dienen. Die Teilnahme an den wöchentlichen Dienstbesprechungen kann aber für die Kollegen in Teilzeit reduziert werden. Hier besteht für diese die Verpflichtung, sich anschließend umfassend zu informieren. Die Lehrerkonferenz als Gremium kann die Teilnahmen an Konferenzen und schulischen Veranstaltungen für Kolleginnen und Kollegen in Teilzeit an den jeweiligen Schulen festlegen. Somit wird die notwendige Transparenz und Partizipation erzeugt, was wiederum zur Zufriedenheit aller führt.

Kann ich den Umfang der Elternsprechtage selber bestimmen?

- Auch über den zeitlichen Umfang an Elternsprechtagen kann in der Lehrerkonferenz abgestimmt werden. Es sollte plausible Gründe für eine Verkürzung der Sprechzeiten geben.

Muss ich an allen schulischen Veranstaltungen teilnehmen?

- Solange diese von der Dienstzeit umfasst sind, müssen Sie an ihnen teilnehmen. Da der zur Verfügung stehende Urlaub in den Ferien zu nehmen ist und somit keine freie Wahl der Urlaubstage ermöglicht wird, kann für ein Fernbleiben lediglich Sonderurlaub ohne Bezüge beantragt werden. Sonderurlaub kann genehmigt werden,

▶

▶

wenn dienstliche Gründe nicht entgegenstehen. Es handelt sich also um eine Ermessensentscheidung. In der Regel werden diese Anträge bei einem Umfang von bis zu fünf Tagen von der Schulleitung selbst genehmigt und anschließend auf dem Dienstweg an das Schulamt (Lehrer im Tarifbeschäftigungsverhältnis) oder an die Bezirksregierung (Beamte) weitergeleitet.

- Bei Nichtteilnahme an der jeweiligen Veranstaltung trotz Ablehnung des Sonderurlaubs bzw. ohne Antragsstellung hierauf ist mit einer disziplinarischen Ahndung aufgrund schuldhaften Fernbleibens vom Dienst zu rechnen.
- Sollte durch die schulischen Veranstaltungen die wöchentliche Unterrichtszeit (28 Stunden) überschritten werden, so ist darauf hinzuweisen, dass die tatsächliche wöchentliche Dienstzeit z.B. in Nordrhein-Westfalen (derzeit) 41 Stunden/Woche beträgt. Hierbei wird nicht zwischen tarifbeschäftigten und verbeamteten Lehrern unterschieden (vgl. § 2 Arbeitszeitverordnung, § 44 Nr. 2 TV-L)

3.3 Zusammenarbeit mit Eltern

Informationen mitteilen

Die Eltern von M. haben sich scheiden lassen. Die Mutter informiert mich in einem Gespräch darüber. Sie bittet mich, genau darauf zu achten, dass der Vater, der mittlerweile in einer anderen Stadt wohnt, nicht mehr mit dem Kind in Kontakt tritt, da sie Angst hat, dass er das Kind außerhalb der vereinbarten Besuchszeiten zu sich holt. Außerdem möchte sie alleine zum Elternsprechtag kommen, da sie gemeinsame Gespräche mit dem Vater ablehnt. Wieterhin bittet sie darum, dass der Vater keine Informationen über schulische Veranstaltungen erhält, da sie dort nicht mit ihm zusammentreffen möchte. Auch, wenn M. einmal von der Schule abgeholt werden müsse und man sie als Mutter nicht erreichen kann, da sie ja berufstätig ist, solle man nicht den Vater anrufen, sondern die Oma.

- Grundsätzlich ist davon auszugehen, dass sich die Eltern gegenseitig über die schulischen Belange des Kindes informieren müssen. Trotzdem zeigt sich im Alltag, dass diese Informationspflicht unter den geschiedenen oder in Trennung lebenden Elternteilen nicht funktioniert.

Muss der Lehrer dafür Sorge tragen, dass der Vater das Kind außerhalb der unter den Eltern vereinbarten Besuchszeiten nicht auf dem Schulgelände kontaktiert?

Um das Sorgerecht wird nicht in der Schule gestritten.

- Es steht dem Vater natürlich grundsätzlich frei sein Kind zu kontaktieren. Wichtig ist jedoch, dass das betroffene Kind im schulischen Bereich nicht eingeschränkt wird. Generell sind sorgerechtsbedingte oder andere familiäre Streitigkeiten nicht auf der schulischen Ebene auszutragen.

Darf der Lehrer nur die Mutter zum Elternsprechtag einladen?

- Ja, das darf er, vor allem dann, wenn er weiß, dass die Mutter das Aufenthaltsbestimmungsrecht hat.

Muss ich dem Vater einen eigenen Termin geben?

- Bei gemeinsamem Sorgerecht sollte auch der Vater zu einem gesonderten Termin eingeladen werden. Damit es Übereinstimmungen in den Aussagen gibt, sollte über beide Gespräche ein Kurzprotokoll verfasst werden, dass die Eltern jeweils unterschreiben. Dies ist besonders wichtig, wenn es sich um Gespräche bezüglich des Übergangs in eine weiterführende Schule handelt oder um ein Verfahren zur Feststellung des Sonderpädagogischen Förderbedarfs (AO-SF-Verfahren), das eingeleitet werden soll.

Darf ich dem Vater die Informationen über schulische Veranstaltungen verweigern?

- Wenn der Vater ausdrücklich um diese Informationen bittet, müssen ihm diese zugänglich gemacht werden, sofern er ebenfalls sorgerechtsberechtigt ist.

Kann die Mutter bestimmen, wen ich anrufen muss, falls M. einmal vorzeitig abgeholt werden muss?

- In der Regel sollten beide Elternteile untereinander absprechen, wer von der Schule in einem solchen Fall informiert wird. Wurde diese Absprache nicht getroffen, so besteht auch die Möglichkeit, den Vater zu kontaktieren. Die Mutter kann, bei geteiltem/gemeinsamem Sorgerecht, nicht eigenständig über diese Frage bestimmen. Generell gilt jedoch, dass ein Sorgerechtsfall nicht in der Schule oder ggf. sogar (über an der eigentlichen Sache unbeteiligte) Behörden ausgetragen wird.

> P. kommt mitten im Schuljahr in die Klasse. Die Frau, die ihn am ersten Tag begleitet, stellt sich als seine Pflegemutter vor. Sie fordert, zu allen schulischen Problemen und Vorhaben sofort informiert zu werden. Außerdem fordert sie, dass für P. eine Überprüfung des sonderpädagogischen Förderbedarfs erfolgen solle, da sie im Vergleich zu ihren anderen Kindern große Defizite bei ihm festgestellt hätte.

- Bevor Auskünfte erteilt werden oder Wünsche/Anträge umgesetzt bzw. auf dem Weg gebracht werden, sollte die rechtliche Frage bzgl. des Sorgerechts für P. geklärt werden. Dies kann beispielsweise durch einen schriftlichen Nachweis des Jugendamtes erfolgen. Die Pflegemutter von P. ist hier in der Nachweispflicht.

> Nach einem halben Jahr kommt die leibliche Mutter in die Schule und möchte Auskünfte über ihr Kind haben.

- Auch hier lohnt es sich ggf. beim Jugendamt über die rechtliche Situation Auskunft erteilen zu lassen. Generell ist jedoch davon auszugehen, dass die leibliche Mutter eines Kindes sorgerechtsberechtigt ist.

Medizinisch unterstützen

> T. hat Diabetes. Er braucht bei einer Unterzuckerung dringend eine Spritze. Ich habe große Angst, dass ich dabei etwas falsch mache. Muss ich ihm die Spritze geben?

- Hierbei ist zunächst zwischen der Angst, etwas falsch zu machen und somit dem betroffenen Kind ggf. noch zusätzlich zu schaden, und dem Straftatbestand der unterlassenen Hilfeleistung gemäß § 323 c Strafgesetzbuch (StGB) zu unterscheiden. Unabhängig von der Tatsache, dass eine bloße Unterzuckerung bereits durch etwas Traubenzucker behoben werde kann, sind Sie nicht rechtlich dazu verpflichtet, dem Kind eine Spritze zu verabreichen, insbesondere wenn man berücksichtigt, dass Sie über keine medizinische Ausbildung verfügen. Eine bloße Nichthandlung könnte jedoch streng genommen unter den Straftatbestand der unterlassenen Hilfeleistung fallen. Es wäre Ihnen zumindest möglich (und den Umständen nach zuzumuten), Hilfe zu holen. Dies kann z. B. durch einen fachkundigen Kollegen, aber ggf. auch durch das Rufen des Notarztes erfolgen.

> Einige Kinder der Klasse erhalten täglich zu unterschiedlichen Uhrzeiten Tabletten mit dem Wirkstoff Mehylphenidat. Muss ich den Kindern während des Unterrichtsmorgens die Tabletten verabreichen bzw. sie an die Tabletteneinnahme erinnern?

Treten Sie mit den Eltern in Kontakt.

- In diesem Fall ist es ratsam zunächst mit den Eltern in Kontakt zu treten und zu klären in wie weit die Kinder in der Lage sind an die Medikamenteneinnahme selbstständig zu denken bzw. diese zu koordinieren.
- Sollten die Kinder (noch) nicht selbstständig genug sein, so ist eine Hilfestellung bzw. Erinnerung durch die Lehrkraft wichtig und vor allem auch zumutbar.

Noten geben

> K. ist in der ersten Klasse. Am Ende des Schuljahres erhält sie ein Berichtszeugnis. K.s Vater vergleicht die Aussagen mit denen anderer Mitschüler. Er ist mit einigen Aussagen nicht einverstanden und fordert mich auf, diese sofort zu ändern. Er legt offiziell bei der Schulleitung Widerspruch gegen die Aussagen ein.

- Hier gilt es zunächst festzustellen, ob es sich bei dem Zeugnis um einen Verwaltungsakt im Sinne des § 35 Abs. 1 Verwaltungsverfahrensgesetz (VwVfG NRW) handelt und somit ein Widerspruch zulässig ist. Ein Zeugnis ist nur dann ein Verwaltungsakt wenn es eine Änderung oder Feststellung der Rechtslage eines Schülers beinhaltet.
- Hier legt K.s Vater Widerspruch gegen einzelne Aussagen des Berichtszeugnisses ein. Einzelne Aussagen bzw. Noten stellen in der Regel keinen eigenständigen Verwaltungsakt dar. Ausnahmen hiervon beziehen sich allerdings vorwiegend auf Qualifikationsvoraussetzungen in der Berufswahl, welche durch Noten festgestellt werden kann. Der Widerspruch ist daher unzulässig.
  Gleiches gilt wenn sich der Widerspruch des Vaters gegen das Berichtszeugnis an sich richtet. Es handelt sich hierbei zwar um ein Jahreszeugnis, in diesem Fall dient es jedoch lediglich der Information und verhindert beispielsweise keine Versetzung.

> N. ist im dritten Schuljahr und hat auf dem Halbjahreszeugnis eine Vier in Mathematik. Der Vater legt Widerspruch gegen die Note ein. Was nun?

- Ein Halbjahreszeugnis beinhaltet wie oben beschrieben keine Änderung oder Feststellung der Rechtslage eines Schülers, sondern stellt lediglich dessen derzeitiges Leistungsbild dar. Aus diesem Grund handelt es sich bei einem Halbjahreszeugnis nicht um einen Verwaltungsakt und es besteht daher auch keine Möglichkeit der Widerspruchserhebung. Eine Beschwerde gegen das Zeugnis ist jedoch zulässig.

Gegen ein Halbjahreszeugnis besteht kein Widerspruchsrecht.

> B. soll die Klasse 3 wiederholen. B.s Vater legt hier Widerspruch ein. Was ist zu tun?

- Das Jahreszeugnis ist gleichzeitig ein Verwaltungsakt, da es die o.g. Änderung bzw. Feststellung der Rechtslage eines Schülers beinhaltet und somit über das Kriterium der Außenwirkung verfügt. Der Widerspruch des Vaters ist somit zulässig (Fristwahrung wird unterstellt).
- Kann dem Widerspruch stattgegeben werden, d.h. in diesem Fall B. doch in die vierte Klasse versetzt werden, so darf dies durch dieselbe Stelle durchgeführt werden, die bereits den belastenden Verwaltungsakt (ursprüngliches Jahreszeugnis mit Nichtversetzung) erlassen hat. Eine Zurückweisung des Widerspruchs und die damit verbundene Bestätigung des ursprünglichen Zeugnisses geschieht durch die nächsthöhere Behörde. Anschließend hat B.s Vater die Möglichkeit, gegen den Widerspruchsbescheid zu klagen. Wichtig ist, dass beide Rechtsbehelfe eine aufschiebende Wirkung beinhalten (§ 80 Verwaltungsgerichtsordnung). In diesem Fall führt dies dazu, dass B. im kommenden Schuljahr die vierte Klasse solange weiter besucht, bis eine endgültige Entscheidung über den Widerspruch (ggf. über die Klage) stattgefunden hat.

Kleine Geschenke annehmen

> Zum Abschluss der dritten Klasse haben die Elternvertreter ein großes Fest arrangiert. Während dieser Zeit erhalte ich immer wieder kleine Geschenke für meine geleistete Arbeit in der Klasse oder für meinen besonderen Einsatz bei einem bestimmten Kind:
> z.B. einen Blumenstrauß, Pralinen, eine Flasche Parfum, Eintrittskarten für ein Theater, einen Gutschein für Bücher, ein Buch, einen Kalender (Firmenkalender des Vaters), Stifte mit Firmenaufschrift, Kugelschreiber der besonderen Art, besondere Trinkgläser, eine Blumenvase etc. Darf ich das alles annehmen?

- Generell gilt, dass nichts angenommen werden darf. Je nach Behörde gibt es eine Bagatellgrenze von max. 10 Euro, meistens liegt sie darunter. Vor einer Annahme ist jedoch immer die Schulleitung zu informieren. Sollten Sie sich bei manchen Dingen nicht sicher sein, so gilt der Grundsatz, nichts anzunehmen. Insbesondere bei „Werbegeschenken", die auch noch durch diverse Aufdrucke gekennzeichnet sind, ist eine Annahme, unabhängig vom Wert, nicht gestattet.

> Ein Elternpaar verabschiedet sich mit den Worten, besuchen Sie uns doch einmal entweder am Wochenende zu einer großen Party zu Hause oder in unserem Wochenendhaus auf Sylt.

- In beiden Fälle ist die Ablehnung bzw. Nichtteilnahme/Nichtannahme sowohl ethisch als auch rechtlich die einzig richtige Entscheidung.

Und das gibt es auch noch

> Während ich an den Kindern vorbeigehe, sehe ich, dass da etwas auf A.s Kopf herumkrabbelt. Ich schaue genau auf den Kopf und lege mit den Fingern einzelne Haarsträhnen zur Seite. Oh je, A. hat Läuse: Sofort gehe ich zum Telefon und verständige die Eltern. Der Vater holt das Kind ab und geht mit ihm nach Hause.
> Am nächsten Morgen ruft er an und behauptet, dass sein Kind Kopfschmerzen habe, da ich ihm so fest auf den Kopf gedrückt hätte. Er werde mich bei der Polizei wegen Körperverletzung anzeigen. Außerdem dürfe ich im Beisein der anderen sein Kind nicht auf Läuse untersuchen. Nun würde sein Kind Läusekind gerufen.
> Er werde eine Dienstaufsichtsbeschwerde an die Bezirksregierung versenden.

- Es kann A.s Vater natürlich nicht untersagt werden, eine polizeiliche Anzeige bzw. eine Dienstaufsichtsbeschwerde zu erheben. In diesem Fall geht es streng genommen um das Grundrecht auf körperliche Unversehrtheit (Art. 2 Abs. 1 Grundgesetz). Hier konkurrieren jedoch nicht zwei Grundrechte miteinander, sondern zwei Personen bzw. Personengruppen, die sich auf dasselbe Grundrecht beziehen. Es gilt selbstverständlich auch die anderen Kinder und Lehrkräfte vor einem Läusebefall zu schützen. Eine Untersuchung A.s vor anderen Schülern bleibt jedoch strittig.

> Zwei Jungen zankten sich während meiner Aufsicht. Sie schlugen und traten heftig aufeinander ein. Ich nahm beide am Arm und hielt sie auseinander. Der eine Junge riss sich los, fiel hin und zog sich eine Wunde am Knie zu, die genäht werden musste. Am nächsten Tag kamen die Eltern des Kindes und erklärten mir, dass sie einen Anwalt eingeschaltet hätten und bei der Polizei Anzeige wegen Körperverletzung erstatten hätten. Außerdem möchten sie die Kosten des Krankenhauses von mir ersetzt haben und verlangen ein Schmerzensgeld. Sie sagten weiterhin, dass sie ihren Sohn jetzt erst einmal nicht zur Schule schicken würden, da er große Angst vor mir hätte. Vielleicht suchen sie sich ja auch eine andere Schule.

- Sollte es zu einer polizeilichen Anzeige kommen, so wird diese der Dienststelle weitergeleitet. In der Regel wird jedoch der Ausgang des strafrechtlichen Verfahrens abgewartet, bevor dienstrechtliche Entscheidungen getroffen werden. Der Unfall selbst ist jedoch unverzüglich auf dem Dienstweg weiterzuleiten. Hier könnte ein Fall der Amtshaftung vorliegen.

> Bei mir in der Klasse sind viele Kinder unterschiedlichster Nationen und Religionen. Einige Eltern wehren sich gegen die Inhalte des Sexualkundeunterrichts. Sie fordern die Schulleiterin auf, dass die Kinder während dieser Stunden eine andere Klasse besuchen. Falls das nicht ginge, erwarten sie, dass der Stundenplan so erstellt wird, dass ihre Kinder nach Hause entlassen werden können.

- Hier konkurrieren zwei Grundrechte miteinander: elterliches Erziehungsrecht (Art. 6 Grundgesetz) und die staatliche Schulaufsicht (Art. 7 Grundgesetz). Hierzu entschied das Bundesverfassungsgericht 1977, dass Eltern das Recht haben, ihre Kinder zu erziehen, gleichzeitig sei die gemeinschaftliche Erziehung in der Schule als gleichwertig anzusehen. Die Teilnahme am (Sexualkunde-)Unterricht ist somit verbindlich und bedarf nicht der Zustimmung der Eltern. Über die Teilnahme am Religionsunterricht wird hingegen von den Eltern (Erziehungsberechtigten) entschieden (vgl. Art. 7 Abs. 2 Grundgesetz).

Elterliches Erziehungsrecht und staatliche Schulaufsicht stehen in Konkurrenz zueinander.

Beim letzten Elternsprechtag musste ich den Eltern von X sagen, dass ihr Kind zurzeit dem Unterricht nicht aufmerksam genug folgt und die Noten in den Hauptfächern nicht gut sind. Beide Eltern wurden sehr laut und erklärten mir, dass dieser Misserfolg ihres Kindes nur an meinem Unterricht liegt und daran, dass ihr Kind hinten neben Y sitzt, der ihn ständig ablenkt. Daraufhin forderten sie mich auf, dem Kind einen anderen Sitzplatz in der Klasse zu geben und zwar ganz vorne und nur neben Z.

- Die Sitzordnung wird durch die Lehrkraft bestimmt. Schüler sollen jedoch an dem Entscheidungsprozess beteiligt werden.

Während des Unterrichts meiner zweiten Klasse beschäftigt sich A. ständig mit seinem Handy. Irgendwann nehme ich es ihm genervt weg. Mittags möchte ich es ihm wiedergeben, aber A. ist nicht mehr da. Am nächsten Tag kommt der Vater mit zur Schule und beschuldigt mich, seinem Sohn das Handy „geklaut" zu haben. Sein Sohn hätte das Handy nach der Schule dringend gebraucht und konnte keinen Kontakt zu seiner Familie aufnehmen. Er erklärte mir weiterhin, dass ich die privaten Dinge seines Sohnes nicht an mich nehmen dürfe.

- Wenn der Unterricht durch die Handybenutzung gestört wird, besteht die Möglichkeit, dem jeweiligen Schüler das Handy während der Unterrichtszeit wegzunehmen. Nach dem Unterricht ist das Handy jedoch unverzüglich wieder herauszugeben. Hier ist es ratsam, dem Vater während der Beschwerde das Handy des Kindes auszuhändigen. Gegebenenfalls empfiehlt es sich, eine schulinterne Regel bzgl. der (Be-)Nutzung von Handys auf dem Schulgelände aufzustellen.

Die Organisation von Unterricht

4

Horst Bartnitzky

8.00 - 8.45 Uhr	**Religion**	**Deutsch**
8.50 - 9.35 Uhr	**Deutsch**	**Mathematik**
	Frühstückspause, Hofpause	
10.00 - 10.45 Uhr	**Mathematik**	**Sachunterricht**
10.50 - 11.35 Uhr	**Sachunterricht**	**Musik**
	Hofpause	
11.50 - 12.35 Uhr	**Förderunterricht**	**Sport**
sofern Kinder am Ganztag teilnehmen: Mittagessen, Betreuungsangebote		

4.1 Lektionismus und Defizitkonzept

Der Stundenplan im Ausschnitt oben lässt einige Vermutungen zu:

- Die Fächer wechseln nach 45 Minuten ab: Der Unterricht ist durchgehend als Fachunterricht organisiert, jeweils mit 45-Minuten-Portionen für eine Fachstunde.
- Zwischen den Fachstunden ist immer eine Pause: In der Pause können die Kinder umschalten auf das nächste Fach, die Fachlehrer können die Klasse wechseln. Es sind also wahrscheinlich mehrere Fachlehrer in der Klasse tätig.
- In der fünften Unterrichtsstunde gibt es Förderunterricht: wird als externe Förderung gesondert vom übrigen Unterricht organisiert.
- Es ist ein Fachstundenplan: Nicht ersichtlich ist, inwieweit klassenbezogenes Schulleben, Morgenkreis, Projekte, Mitsprache der Kinder einbezogen werden. Im durchgefächerten Unterricht scheint dafür kein Raum zu sein.
- Soweit Kinder am Ganztag teilnehmen, gibt es Betreuungsangebote: Die Angebote haben eher keinen Zusammenhang mit dem Unterricht am Vormittag, vermutlich mit Ausnahme der Betreuung bei der Erledigung der Hausaufgaben.

Mit den Vermutungen wird ein Zusammenhang zwischen der Organisation von Unterricht und dem didaktischen Konzept von Unterricht hergestellt: Ein durchgefächerter Stundenplan mit Pausenzäsuren nach jeweils 45 Minuten ist das Organisationskonzept eines didaktischen Lektionismus. Hierbei sind die in der amtlichen Stundentafel vorgesehenen Fachstunden auch im Stundenplan der Klassen ausgewiesen: Auf die in sich abgeschlossene Fachlektion von 45 Minuten folgt die nächste in einem anderen Fach.

Dass Förderunterricht in einer Randstunde liegt, kann zwei Gründe haben: In den Förderunterricht gehen nur einige Kinder oder Kinder aus mehreren Klassen, während die übrigen Kinder schulfrei haben, an einer AG teilnehmen oder beim Ganztag ein Betreuungsangebot erhalten. Der andere Grund liegt in der Verfügbarkeit durch die Lehrkräfte der Schule: Den Förderunterricht übernimmt eine Lehrkraft, die noch einige Unterrichtsstunden übrig hat. Oft ist dies nicht die Lehrkraft, die Deutsch oder Mathematik in der Klasse unterrichtet. Diese Organisation externer Förderung entspricht einem didaktischen Defizitkonzept von Förderung: Kinder mit Lernproblemen in einem Fach werden in die Förderung geschickt.

Lektionismus und Defizitkonzept entsprechen nicht dem didaktischen Rahmenkonzept der modernen Grundschule. Zu fragen ist also nach dem didaktischen Rahmenkonzept und nach der dazu passenden Unterrichtsorganisation.

4.2 Didaktisches Rahmenkonzept – Lernen in Zusammenhängen

Ein didaktisches Kernprinzip der Grundschule ist das Lernen in Zusammenhängen. Im „Leitkonzept zeitgemäßer Grundschularbeit", das der Grundschulverband 2003 vorlegte, findet sich denn auch das Prinzip „In Zusammenhängen lernen". Darin heißt es:

> *Der Unterricht soll daher den Kindern die Zusammenhänge zwischen den einzelnen Lernbereichen und Lerngegenständen erschließen und so weit und so oft wie möglich Fühlen, Denken, Forschen und Handeln sowie kreatives Gestalten in der Arbeit an lernbereichsübergreifenden Vorhaben miteinander verbinden.*
> *(Grundschulverband 2003, 6 f.)*

In Richtlinien und Rahmenlehrplänen findet sich dieses Prinzip wieder. Ein Stichwort dazu ist der durchgehende Bezug zur **Lebenswelt** oder **Lebenswirklichkeit** der Kinder: Nicht die Fachlogik, die Fachsystematik leitet damit die Unterrichtsinhalte, sondern die Entwicklungslogik kindlichen Denkens, das von eigenen Erfahrungen und Vorwissen, von Neugier und Entdeckerfreude, vom zunehmend selbstständigeren Handeln in der Lebenswelt bestimmt ist.

Ein Unterrichtsthema wie „Märchen" wird demnach nicht in einzelnen 45-Minuten-Lektionen mit Lesen und Besprechen von Märchen durchgeführt. Dies ließe wenig Spielraum für Kinder, sich auf Märchen einzulassen, eine Märchenumgebung in der Klasse zu schaffen, Märchen zu erzählen, selbstvergessen zu lesen, sich eine Verfilmung anzusehen und diese mit dem Märchentext zu vergleichen. Projekte wie Gestaltung von Schattenspiel, ein Märchennachmittag oder das Schreiben eigener Märchen für ein Märchenbuch der Klasse wären in solch kurzatmigem Lektionismus nicht realisierbar. Vielmehr muss an jedem Tag mehr Zeit zur Verfügung stehen, als sie die eine Fachstunde Deutsch bietet. Hinzu kommen Aspekte weiterer Fächer im ästhetischen Bereich: Märchenbilder und -fantasien werden gemalt, der Klassenraum wird märchenhaft dekoriert, Musik wird zu Märchen erfunden und begleitet das Schattenspiel. Es treten ggf. Sacherkundungen hinzu: Wer hat die Märchen erfunden? Wer hat sie aufgeschrieben? Warum können alle Kinder von einem einzigen dicken, fetten Pfannekuchen satt werden? Und handwerklich: Wie kann man die Märchen der Klasse zu einem Buch binden? Hier spielen also Deutsch-, Kunst-, Musik- und Sachunterricht zusammen.

Fächerübergreifender Unterricht: Thema „Märchen"

Ein anderes Beispiel: Das Thema „Unsere Hobbys" führt zu ausführlichen Berichten und Erzählungen, zu Interviews und Vorführungen in der Klasse, zu Steckbriefen über Hobbys. Die Pferdefreunde in der Klasse gestalten eine Ausstellung zum Thema Pferde, ein Lernplakat zu Pferdetypen, zum Reiten und Voltigieren, bereiten einen Vortrag zur Pferdepflege vor. Andere Kinder und Gruppen arbeiten am Thema Fußball oder über eine Fernsehserie. Auf einer Ortskarte werden die Orte gesteckt, an denen die Kinder ihren Hobbys nachgehen. Hobbywörter werden gesammelt, ein Abc-Buch der Hobby-Wörter wird entwickelt, wichtige Wörter werden rechtschriftlich geübt; hinzu kommen die spezifischen Hobbywörter: die Pferdefreunde haben andere als die Fußfallfans. Einzelne Wörter werden Modelle für weiteres Rechtschreiblernen. Sachunterricht verbindet sich mit Deutschunterricht, je nach Hobbys der Kinder können andere Fächer hinzukommen.

Thema „Unsere Hobbys"

In Richtlinien und Rahmenplänen wird entsprechend ein **fächerübergreifender** oder **fächerverbindender Unterricht** favorisiert. Auch auf der fachlichen Ebene findet sich diese Forderung nach einem Unterricht, der nicht der Fachlogik folgt, sondern den Zusammenhängen, in denen sich für Kinder ein Thema erschließt. Die Bildungsstandards der Kultusministerkonferenz zum Deutschunterricht weisen zwar die einzelnen fachlichen Kompetenzbereiche aus: Sprechen und Zuhören, Schreiben, Lesen, Sprache und Sprachgebrauch untersuchen. Dem schicken sie aber die Forderung voraus: „Die Kompetenzbereiche sind im Sinne eines integrativen Deutschunterrichts aufeinander bezogen.“ (Kultusministerkonferenz 2004, S. 8).

Aber die Fachlichkeit wahren!

Durch den fächerübergreifenden Zugriff auf Themen wird allerdings der Fachbezug nicht außer Kraft gesetzt. Musikunterricht erschöpft sich nicht im Singen von Liedern zum Thema, Kunstunterricht nicht im Illustrieren; zu einem Gedicht irgendwie auf Xylophon, Triangel, kleine Trommel zu schlagen, ist noch kein kompetenter Musikunterricht.

Dieser Gefahr, den Fachbezug nicht zu beachten, kann Unterricht erliegen, der die Fächerverbindung bei der themenbezogenen Arbeit absolut setzt. Auch Verlage haben solche didaktischen Fehlkonzepte im Angebot: Zum Thema Märchen gibt es z.B. Vorlagen für einen Stationenbetrieb. Zwanzig verschiedene Arbeitsblätter sollen ausliegen, die Kinder in frei gewählter Reihenfolge dann abarbeiten. Dabei sind Blätter zum „Rechnen im Märchenwald“: Die Wackersteine, die dem Wolf am Ende in den Bauch gelegt werden, sollen jeweils zwei Kilo schwer sein, Mama Geiß legt noch einen mit fünf Kilo dazu.

Auf einem anderen Arbeitsblatt sollen von Uhren Zeiten abgelesen werden, die Überschrift lautet: „Wie spät ist es im Märchenwald?“ In Märchen ereignet sich aber Wundersames, Tiere sprechen, Dinge und Sprüche verzaubern und erlösen, nie aber geht es um so profan Reales wie genaue Uhrzeiten oder das Berechnen von Gewichten. Hier wird die Fachlichkeit beim Umgang mit Texten missachtet.

Wie kommen Lebensweltbezug und Fachlichkeit zusammen?

Lernen in Zusammenhängen heißt also: Das Thema, der Lebensweltbezug und die Erfahrungsmöglichkeiten der Kinder machen die eine Dimension aus. Da die Lebenswelt nicht nach Schulfächern sortiert und der Zugriff der Kinder nicht fachlich kanalisiert ist, ergibt sich ein Unterricht, der Fächergrenzen übersteigt. Lehrkräfte wissen aber auch um die Fachlogik und sie kennen die fachbezogenen Aufgaben. Sie sind in diesem Unterricht themenbezogen auszuwählen und einzubeziehen. Die folgenden Leitfragen zur Unterrichtsplanung mögen das Zusammenspiel von Erfahrungslernen, Kindlogik auf der einen und Fachbezug auf der anderen Seite verdeutlichen:

Aus der Sicht des Kindes	Aus der Sache/des Faches heraus
• Welche bisherigen Erfahrungen haben die Kinder zu diesem Thema gemacht?	• Was ist hier „Sache“?
• Welche neuen Erfahrungen wären lohnend, wichtig, möglich?	• Welche Ansprüche stellt die fachgerechte Bearbeitung?

- Welche Situationen können herbeigeführt werden, damit die Kinder ihre bisherigen Erfahrungen vergegenwärtigen, miteinander austauschen und neue Erfahrungen erarbeiten?
- Mit welchen Handlungen können die Kinder das Thema zubereiten, sich als Akteure im Lebenswelt-Bereich erfahren?
- Welche Fächer, welche Bereiche der Fächer, können dazu beitragen, den Lebensweltbereich zu klären, Erfahrungen zu erweitern und bei diesem Thema ihre Lebenswelt mitzugestalten?
- Welche fachlichen Aufgaben/Standards/Kompetenzen können von den einbezogenen Fächern hier realisiert werden?

Integrative Förderung

Das Denken in separaten Förderstunden geht zumeist von einem mechanischen Lernkonzept aus: Ein eingrenzbares Defizit wird festgestellt und mit einem Arbeitsblatt, einer Kartei, einer Übung zu beseitigen versucht. Entsprechende Materialien, einschließlich Online-Diagnose und Online verschickten Förderblättern, gibt es reichlich. Anspruchsvolleres Lernen, das nicht nur Imitation ist, verläuft aber nicht so.

> *Wir verstehen heute Lernen … als aktiven Prozess der Konstruktion von Erkenntnissen und Vorstellungen … Diese gemäßigt konstruktivistische Vorstellung vom Lernen betont neben der Individualität des Lernens vor allem die Aktivität der Lernenden und die situative und soziale Einbettung von Lernprozessen.* (Speck-Hamdan 2009, S. 174 f.)

Förderung – Kompetenz- statt defizitorientiert?

Diese Sichtweise fordert einen kompetenzbezogenen Förderunterricht, der nicht von Defiziten ausgeht, sondern von den Kompetenzen, die ein Kind besitzt. Unterricht, Förderunterricht eingeschlossen, hilft, die Kompetenzen des Kindes weiterzuentwickeln. Der Förderunterricht isoliert nicht die Fördermaßnahme von der Lernumgebung, den Themen und Aufgaben der Lerngruppe, sondern integriert sie in den Unterricht der Lerngruppe und Klasse: Die Verschiedenheit der Kinder, auch ihre Lernverschiedenheit, wird akzeptiert, eine anregende Lernumgebung schafft die Möglichkeiten, an Themen und Aufgaben auf verschiedenen Niveaus erfolgreich zu arbeiten.

Die Weiterentwicklung der Schulen zu inklusiven Schulen ist auch nur durch Konzepte integrativer Förderung zu verwirklichen. Bezogen auf Kinder mit partiellen oder überdauernden Lernschwierigkeiten muss der Blick auf solche Stellen im Lernprozess gerichtet werden, die wichtig für weiteres Lernen sind und die erfahrungsgemäß für Kinder das Risiko in sich tragen,

Kritische Stellen im Lernprozess besonders beachten

dass sie an ihnen scheitern. Es sind die für solche Kinder **kritischen Stellen im Lernprozess** wie:

- morphematische Strategien beim Rechtschreiberwerb,
- Herausfinden von Schlüsselwörtern in Texten,
- Zahlenverständnis,
- Zehner- und Hunderterüberschreitung,
- faire Lösung von Konflikten.

Die kritischen Stellen sind auch Grundlage für den Förderplan der Klasse und der Schule. Die integrative Förderung wird so gestaltet, dass Kinder diese kritischen Stellen bewältigen. Gegebenenfalls werden mit Kindern zusätzliche Übungen durchgeführt, die ihnen die Erfahrung vermitteln, dass sie dadurch kompetenter werden, um auch diese Anforderungen zu meistern.

Integrative Förderung und Förderschleifen

Das integrative Förderkonzept beinhaltet dementsprechend Förderschleifen: einen zeitlich befristeten Förderunterricht, dessen Aufgaben aus der gemeinsamen Arbeit erwachsen und in die gemeinsame Arbeit wieder hineinführen, weil Kinder mehr Hilfen, mehr Zeit, eine kleinere Lerngruppe, einen anderen Zugang brauchen. Dieser Förderunterricht kann im Klassenunterricht als innere Differenzierung, z. B. während der Wochenplanarbeit, durchgeführt werden oder in befristeter äußerer Differenzierung mit Anbindung an die thematische Arbeit und die Bewältigung der Lernaufgaben (ausführlich zum integrativen Förderkonzept siehe: BARTNITZKY/HECKER/LASSEK 2012).

Schule als Lern- und Lebensort

Das pädagogische Konzept der Grundschule ist ebenso geprägt von Aufgaben jenseits von Unterricht im engeren Sinne: Es meint die Gestaltung des Schultages, in dem die Kinder Geborgenheit und Lebensfreude erfahren, in dem sie ihr Lernen und Leben in der Schule mitgestalten und mitbestimmen lernen: „Geborgenheit und Lebensfreude" sowie „Grundschule als Lernfeld für Demokratie" sind denn auch zwei weitere Kernprinzipien, die sich im „Leitkonzept zeitgemäßer Grundschularbeit" des Grundschulverbandes von 2003 finden (Grundschulverband 2003). Mit Bezug darauf resümiert HECKER:

> *Als Raum zum Wachsen soll sie (die Grundschule) Ort vielfältiger Bewährung sein, wo Kindern Vertrauen entgegengebracht und Verantwortung gegeben wird.*
> (HECKER 2009, 361)

Dem Sinne nach finden sich diese Ansprüche an die Gestaltung der Grundschule auch in den Rahmenrichtlinien der Bundesländer. Viele Grundschulen haben deshalb in den vergangenen Jahrzehnten ihren Schultag neu strukturiert: Zeiten, Formen und Rituale wurden eingeführt, in denen sich Kinder austauschen und besprechen, was sie bewegt, in denen sie miteinander spielen und feiern, den Raum und die Zeit mitgestalten, Konflikte besprechen und miteinander lösen, Angelegenheiten der Klasse und Schule in Mitbestimmungsgremien mit entscheiden. Entsprechende Stichwörter sind: Morgenkreis, Freie Arbeit, Feste und Feiern, Versammlung, Spielzeit, freie Lesezeit, Arbeitsgemeinschaften, Klassenrat, Präsentation, Schulparlament. Bei all diesen Möglichkeiten lernen Kinder Bedeutsames, jenseits von Fachlogiken – kommunikativ, sozial, politisch; sie können sich respektieren lernen, gemeinsame Freude am Miteinandertun erleben, Selbstwirksamkeit und Ansätze von Lebensgestaltung erfahren. Für viele Kinder sind solche Erfahrungen neu und deshalb existenziell wichtig.

Lernen mit Leben verbinden

Ein gefächerter Stundenplan mit häufigerem Fachlehrerwechsel bietet kaum Möglichkeiten, solche Formen mit Kindern verlässlich zu entwickeln, zu gestalten und kontinuierlich zu leben. Deshalb wurden in den letzten Jahrzehnten an Grundschulen Tagesrhythmen und Inhalte jenseits der Stundenschule entwickelt. Im pädagogisch abgestimmten Ganztag eröffnen sich noch erheblich mehr Möglichkeiten als in der traditionellen Vier- oder Fünf-Stunden-Schule.

4.3 Organisation des Schultages – Stundentafeln

Die Stundentafeln, wie sie in amtlichen Verordnungen für die Grundschule festgelegt sind, geben an, mit welchem Anteil vom gesamten Unterrichtsvolumen das einzelne Fach beteiligt ist. Von Zeugnis zu Zeugnis muss der Unterricht im Fach X mit diesem Anteil berücksichtigt werden. Darauf sind (hoffentlich!) die Lehrpläne in ihrem Umfang abgestimmt. Das bedeutet: Es kann ein bestimmtes Fach für eine gewisse Zeit entfallen, wenn es zu anderer Zeit mit entsprechend größerem Stundenanteil realisiert wird. Bei einem Thema wie „Märchen" ist der Deutschunterricht Leitfach. Der Sachunterricht ist eher marginal beteiligt. Beim Thema „Überall Verkehr" oder „Die Wiese lebt" dagegen ist der Sachunterricht das Leitfach, während Musik und Kunst weniger angesprochen sind. Bei einer Inszenierung des Musikstücks „Karneval der Tiere" sind Musik und Kunst die Leitfächer, dazu das szenische Spielen aus dem Deutschunterricht. Die jeweiligen Leitfächer können thematisch bedingt wechseln. Alle überhaupt in Frage kommenden Fachstunden können für den thematischen Unterricht an jedem Tag gebündelt werden, so dass für die Arbeit an einem Thema täglich zwei bis drei Unterrichtsstunden verwendet werden können.

Den 45-Minuten-Takt sinnvoll unter- oder überschreiten

Die Fachanteile bei der fachübergreifenden thematischen Arbeit realisieren sich zumeist nicht in einem 45-Minuten-Raster. Wenn beim Märchenthema Kinder zum Erzählen Musik erfinden oder zu einem eigenen Märchen eine Illustration fertigen, dann dauern die entsprechenden Arbeitsanteile für Musik oder Kunst selten 45 Minuten; sie sind weniger oder auch mehr, je nach Situation. Zudem sind viele Unterrichtsphasen auch mehr als einem Fach zuzuordnen. Wenn beim Thema „Unsere Hobbys" die Kinder Interviews mit älteren Schülern oder Erwachsenen vorbereiten und durchführen, dann fallen hier Aufgaben von Deutsch und Sachunterricht zusammen; hier geht es um Befragen und die Bewältigung der dafür nötigen Sprechakte, dort geht es um das Thema „Freizeit" und eine Methode der Erkundung. Beides kann so auch in den Arbeitsplan eingetragen werden.

Die Lehrkraft muss nur sicherstellen, dass übers Schuljahr oder Halbjahr gesehen die einzelnen Fächer mit ihrem entsprechenden Anteil zum Zuge kommen. Eine exakte Buchführung ist dafür aber weder nötig noch möglich.

Ein Schultag

Wenn sich die Schule als Lern- und Lebensort versteht, dann wird der Schultag auch bestimmt von Situationen und Institutionen, wie Morgenkreis, Klassenrat, Geburtstagsfeier, informellen Begegnungen und anderem mehr. Dies sind überfachliche Bildungsaufgaben. Hier kommen bedeutsame Ziele von Unterrichtsfächern zum Zuge:

- Kompetenzbereich Sprache: Gespräche führen, zu anderen sprechen, verstehend zuhören, über Lernen sprechen (z. B. beim Morgenkreis),
- Kompetenzbereich Texte verfassen: ein Protokoll anfertigen oder eine Vereinbarung schriftlich festhalten(z. B. beim Klassenrat).

Die hier genannten Kompetenzen stammen aus den Bildungsstandards (Kultusministerkonferenz 2004, 9 f.). Deshalb sollten sie auch fachlich im Arbeitsbericht wie im Stundenanteil mitberücksichtigt werden.

In der schulischen Realität wird allerdings Fachunterricht ebenso in dafür ausgewiesenen Stunden stattfinden, z. B. für Religion, Englisch oder wegen festliegender Schwimmzeiten der Sportunterricht. Zudem erfordern die begrenzten Stundenanteile von Teilzeitkräften in den Klassenleitungen ergänzenden Unterricht durch andere Lehrkräfte. Solche Entwicklungen der letzten Jahre haben zu einer vermehrten Fachstunden-Bildung auch in der Grundschule beigetragen.

Jedoch sollte der Umfang des auf einzelne Fächer ausgewiesenen Unterrichts so begrenzt wie möglich gehalten werden. Wo Fachunterricht unabweislich ist, muss verstärkt im Team gearbeitet werden, um einen pädagogisch abgestimmten Schultag zu gewährleisten. Eine Möglichkeit der Gestaltung von Schultagen zeigt der folgende Stundenplan:

Stundenplan		
ab 7.30 Uhr	**freie Komm-Zeit** der Kinder	informelle Gespräche, Ansehen der Arbeiten vom Vortag, Absprachen der Kinder, Absprachen Lehrkraft – Kind …
8.00 – 10.00 Uhr	**Morgenkreis** **Arbeitszeit 1: Themenarbeit**	Lied, Lesung, evtl. Geburtstagsfeier, erzählen, was Kinder bewegt, Vereinbarung des Tagesplans
	Frühstück und Spielpause	
10.30 – 11.40 Uhr	**Arbeitszeit 2: Fachunterricht**	
	Spielpause	
12.00 – 12.45 Uhr	**freies Tun**	freie Lesezeit, Interessenarbeit, Bewegungszeit
bei Ganztag: Mittagessen, Hausaufgaben, gegebenenfalls externe Förderung, Arbeitsgemeinschaften, auch Weiterarbeit an einem interessebezogenen Projekt (Interviews führen, etwas untersuchen, ein Lernplakat gestalten, einen Vortrag ausprobieren …) Freitag: Klassenrat 1 x im Monat: Schulversammlung, auf der die Kinder aus den verschiedenen Klassen etwas präsentieren		

Kopiervorlage

Organisation von Unterricht: Recherchen

Zu den Rahmenrichtlinien

Recherchieren Sie in den Rahmenrichtlinien Ihres Bundeslandes, was zu diesen Stichwörtern ausgesagt ist:

- fächerverbindender, fächerübergreifender, fachintegrierter Unterricht
- Lernen in Zusammenhängen
- Schulleben, Klassenleben
- besondere Institutionen des Schultages wie Morgenkreis, Klassenrat, Feste und Feiern
- Organisation der Förderung

Natürlich kann das Gemeinte auch mit anderen Begriffen benannt sein.

Zum Stundenplan

Vergleichen Sie die oben gefundenen Aussagen Ihrer Rahmenrichtlinien mit den Stundenplänen an der Schule.

- Was wird realisiert? Was nicht?
- Viele Grundschulen haben eine Homepage, auf der Sie auch Hinweise zum didaktischen Rahmenkonzept und zu den Stundenplänen finden? Gibt es dort nützliche Anregungen, die Sie verwenden können?
- Wo liegen die Schwierigkeiten für die Realisierung der Schule als Lern- und Lebensort – organisatorisch, räumlich, personell, didaktisch?
- Inwieweit können sie überwunden werden?

Offener Unterricht – ein Stufenmodell

5

Falko Peschel

Seit Jahrzehnten ist er in der Diskussion und gerade in der letzten Zeit bekommt er durch die Forderung nach Kompetenzorientierung, Individualisierung und Inklusion eine ganz neue Dimension: der „Offene Unterricht". Kaum jemand weiß eigentlich genau, was er konkret darstellt, kaum jemand traut sich, ihn beim Namen zu nennen. In dem einen Gespräch scheint er Hoffnungsträger für alle Wünsche und Erwartungen an eine „schöne Schule" zu sein, direkt daneben wird er verantwortlich gemacht für all das, was Schule heute so schwierig macht. Offener Unterricht ist in der Praxis ein so konfuses Konstrukt geworden, dass man überlegen muss, ob dieser Begriff eher hilfreich oder eher hinderlich ist. Die „offene" Definition des „Offenen" Unterrichts führt dazu, dass man alles, was man will, als „Offenen Unterricht" bezeichnen kann.

Offener Unterricht – ein sehr offener Begriff

Dabei kann es leicht passieren, dass die im „Offenen Unterricht" eigentlich angestrebten Ziele der Befähigung zum eigenverantwortlichen und selbstständigen Lernen durch gut gemeinte – aber dennoch schließende – „Hilfen" und Vorgaben „ausgehöhlt" werden. Das ist z. B. dann der Fall, wenn der Wochenplan nicht der vom Kind erstellte eigene Arbeitsplan für die nächste Zeit ist, sondern nur die geballte Ladung der lehrervorgegebenen abzuarbeitenden Lehrgangsaufgaben der ganzen Woche darstellt. Oder wenn sich die Freiheit der Freiarbeit nur auf die Auswahl der – methodisch wiederum völlig geschlossenen – Lernkarteien oder Lernspiele aus dem Freiarbeitsregal bezieht, anstatt die Kinder selbst Vorhaben und Vorträge planen und ausarbeiten zu lassen. Auch die ach so „offenen" Werkstätten werden in der Regel komplett vom Lehrer aufbereitet und mittels konkreter Arbeitsaufträge oder Arbeitsblätter an die Kinder weitergegeben; in der konzentrierten Form womöglich noch als Stationen-Zirkeltraining mit festen Gruppen, Zeiten und Wechseln auf Gongschlag. Und was aus der einstmals basisdemokratischen Projektidee in den Schulen geworden ist, wissen wir alle, wenn statt des gemeinsamen Angehens einer tragfähigen Herausforderung nun in der Projektwoche gebatikt, getöpfert und Handball gespielt wird. Oder aber es wird die „gemeinsam" getroffene Entscheidung für die „Erforschung" der Dinosaurier, Indianer oder Ritter durch die fix und fertig vorbereiteten Arbeitsunterlagen des Lehrers karikiert. Den einzigen

Freiarbeit bedeutet mehr als nur freie Auswahl der Lernmittel

(zweifelhaften) Vorteil, den solche Projekte wie auch die anderen genannten Unterrichtsformen haben, ist der, dass sie in der Regel weder von Schülern noch von Lehrern in irgendeiner Weise mit „Unterricht", geschweige denn mit „Lernen" in Verbindung gebracht werden.

Die Wurzeln des „Offenen Unterrichts" sind vielfältig und entstammen den verschiedensten Bereichen, ja sie sind sogar zum Teil stark gegensätzlich motiviert. Eine wichtige Grundlage findet sich dabei in der sogenannten reformpädagogischen Bewegung (ca. 1890 –1933 in Deutschland). Aber hier findet man nicht ein „Konzept der Reformpädagogik", sondern eine Vielzahl von Pädagogen, denen vor allem die Kritik der bestehenden (Lehrer-)Schule gemein war.

5.1 Lernen als konstruktivistischer Prozess

Lernen durch Eigenproduktionen kann als das zentrale Grundprinzip des Offenen Unterrichts dargestellt werden. Es sichert nicht nur das von Reformpädagogen und Befürwortern einer demokratischen Erziehung vertretene Recht des Kindes auf Mitbestimmung über sein Leben und Lernen, sondern entspricht auch den aktuellen Forderungen der Lernpsychologie, die das Lernen als einen aktiven Prozess des Konstruierens eigener Vorstellungen und Strukturen betrachtet. Lernen ist kein passiver Prozess des Verinnerlichens dargebotener Fakten oder Zusammenhänge, sondern basiert auf dem eigenen Nacherfinden und Verknüpfen von neuem Wissen mit schon vorhandenen Wissensstrukturen. Wenn Lernen aber hauptsächlich so erfolgt, dann gibt es zwischen Lehren und Lernen zunächst einmal keinen Zusammenhang: Wenn etwas gelehrt wird, heißt das nicht, dass es auch gelernt wird. Betrachtet man nun Unterricht unter diesem Gesichtspunkt, dann bricht das System schnell zusammen, denn es basiert zum größten Teil auf der Unterstellung, dass das Lehren eines Stoffes automatisch auch ein Lernen durch den Schüler nach sich ziehen würde.

Zwischen Lehren und Lernen besteht kein direkter Zusammenhang.

Dieser Paradigmenwechsel der letzten Jahre hat für die Didaktik radikale Auswirkungen. Während bislang didaktische Offenheit primär durch ein reiches Angebot an Arbeitsmaterialien gekennzeichnet war, das den Schülern durch entsprechende Auswahl aus diesem (vorstrukturierten) Angebot ein gewisses Maß an Differenzierung oder Individualisierung ermöglichen sollte, rückt diese Art von Offenheit jetzt als höchst unbedeutend in den Hintergrund. Die Differenzierung, die durch die üblichen Arbeitsmaterialien erreicht werden kann, ist meist rein quantitativer, selten qualitativer Art. Hatte man die Materialien seinerzeit eingeführt, um den kleinschrittigen Lehrgang des Frontalunterrichts zu vermeiden, zeigt sich in der Praxis nun der kleinschrittige Lehrgang des Arbeitsmaterials. Für eigene Wege und Zugänge ist hier genauso wenig Platz wie im Frontalunterricht, oft noch weniger, denn das Arbeitsmaterial kann nicht individuell auf Vorwissen oder Arbeitsweise des Schülers reagieren, so wie es ein Lehrer kann.

Ganz anders sieht es aus, wenn man konstruktivistisch an die Sache herangeht und die Lernmethode auf Seiten des Schülers öffnet: Wenn jeder dann am besten lernt, wenn er auf seinen eigenen Wegen lernt und dabei Sachverhalte und Zusammenhänge für sich selbst nachkonstruiert und erprobt, anstatt sie auswendig zu lernen, dann sollten weder Lehrer noch Material dem Schüler methodisch Vorgaben machen. Der Unterricht sollte primär auf den Eigenproduktionen der Kinder aufbauen und durch auf diese reagierende Impulse und gemeinsame Gespräche ergänzt werden. Ein solches Lernen braucht dann keine didaktisierten Arbeitsmittel, sondern nur noch einzelne Werkzeuge, die einen selbst gesteuerten Wissenserwerb ermöglichen: eine Buchstabentabelle, mit der man schreiben lernen kann, ein Wörterbuch zum Nachschlagen der Rechtschreibung, ein Punktefeld als mögliche Strukturierungshilfe zum Rechnen, darüber hinaus noch Sach- und Geschichtenbücher zum Lesen und Forschen und die Erlaubnis, jederzeit Alltagsmaterial mit in die Schule bringen zu dürfen. Je weniger vorstrukturiertes Arbeitsmaterial vorhanden ist, umso mehr wird man zu Eigenproduktionen gezwungen.

Individualisierung von unten statt Differenzierung von oben

5.2 Stufenmodell

Um den Begriff „Offener Unterricht" und seine Dimensionen etwas fassbarer zu machen, schlage ich daher folgende Stufen vor (vgl. auch Brügelmann 1997).

Stufe 0 als Vorstufe: „Geöffneter Unterricht" – nicht „Offener Unterricht"

Gemeint sind differenzierende Arbeitsformen (Freie Arbeit, Wochenplan, Werkstätten, Stationen usw.), bei denen nur für das Lernen relativ unwichtige Komponenten freigegeben werden (Zeit, Ort, Sozialform, Arbeitsform). Inhalte und Methoden werden aber weitgehend durch Schulbücher, Karteien, Übungshefte, Werkstatt- oder Stationsaufträge bestimmt. Vor allem die Vorgabe des Lernweges durch Erklärungen des Lehrers oder die lehrgangsmäßige Gestaltung des Arbeitsmaterials widerspricht den Zielen eines „Offenen Unterrichts", da oft nicht die für ein autonomes Lernen wirklich wichtigen Bereiche geöffnet werden.

Organisatorische Öffnung reicht nicht aus

Stufe 1: Die methodische Öffnung

Sie ist die Grundbedingung für jegliche „Öffnung" und basiert auf der konstruktivistischen und lernpsychologischen Annahme, dass Lernen ein eigenaktiver Prozess ist. Niemand kann für einen anderen lernen. Wirklich verstehen kann ich nur das, was ich selbst konstruiert, d. h. in meine bestehenden Denkstrukturen eingebettet habe.

Freigabe der Lernwege als Schlüssel zur Öffnung

Für den Unterricht bedeutet das, dass den Schülern der Lernweg ganz freigegeben werden muss, d. h. es darf keine Vorgaben zum Kompetenzerwerb oder zur Problemlösung geben, sondern die Wege und Umwege der Kinder müssen als unbedingt notwendig für effektives und verstehendes Lernen erkannt werden. Dieser Unterricht kann unter Umständen sogar relativ lehrerzentriert verlaufen, indem der Lehrer die Inhalte und Problemstellungen (Kernideen) auswählt und den Schülern zugänglich macht. Allerdings greift er nicht in die Lösungswege der Kinder ein, d. h., es erfolgt eine individuelle Auseinandersetzung des Kindes mit dem Stoff. Es diskutiert den Stoff mit Lehrer und Mitschülern, erfährt deren Zugänge und Meinungen und kommt mit ihnen im Laufe der Zeit zu Vereinbarungen, d. h. Regeln, Strukturen und Konventionen. Es gibt keine vorstrukturierten Lehrgänge oder Arbeitsmaterialien, keine bloß einzuübenden Techniken, kein unverstandenes Auswendiglernen. Beispiel: „Didaktik der Kernideen" (Gallin/Ruf 1998).

Stufe 2: Die methodische und inhaltliche Öffnung

Sie ist die Erweiterung der methodischen Öffnung noch um die inhaltliche Dimension. Grundlage hierfür ist der Ansatz des interessebezogenen Lernens, d. h. man lernt am schnellsten und einfachsten (und meist sogar, ohne es als „Lernen" zu empfinden), wenn man sich selbst für einen Gegenstand interessiert. Durch die hohe innere Motivation ergibt sich zusammen mit dem selbst gesteuerten Lernen auf eigenen Wegen eine sehr hohe Effektivität beim Lernen.

Eigenverantwortung durch Freigabe der Inhalte

Es gibt keine vorstrukturierten Lehrgänge oder Arbeitsmaterialien! Für den Unterricht bedeutet das, dass nicht nur die Lernwege, sondern auch die Inhalte vom Lehrer freigegeben werden. Der Lehrer sorgt für die notwendige Lernatmosphäre in der Klasse, gibt Impulse, strukturiert, verfolgt den Fortschritt der Kinder und hält die Passung zum (offenen) Lehrplan im Auge. Er lässt den Kindern größtmöglichen Raum, ohne aber die Fäden aus der Hand zu geben. Beispiel: „Didaktik des weißen Blattes" (Zehnpfennig/Zehnpfennig 1992).

Stufe 3: Die sozial-integrative Öffnung

Sozial-integratives Lernen durch Demokratie und Empathie

Die dritte Stufe ist als mögliche Ergänzung eines jeden Unterrichts auf der Ebene des sozialen Miteinanders zu verstehen. Während Lehrer in der Regel die Unterschiedlichkeit bezüglich der Leistungsmöglichkeiten von Kindern nicht verneinen, sind die wenigsten bereit, diese Unterschiedlichkeit im sozialen Bereich zuzulassen. Dort werden Regeln meist implizit (z. B. in suggestiven Gesprächskreisen) vorgegeben, wenn die Diskussionen nicht gleichberechtigt verlaufen, sondern die Kinder schnell wissen, welche Antworten und Regeln der Lehrer erwartet. Dadurch kann es passieren, dass Kinder, die – biogra-fiebedingt – eben nicht in das von außen vorgegebene Raster passen oder sich nicht so schnell anpassen können, zuerst segregiert und zu Außenseitern werden. Beispiel: „Didaktik der sozialen Integration" (Peschel 2001, 2002)

Kopiervorlage

Beobachtungen zur Öffnung des Unterrichts

Konkretisieren Sie jede der vier Öffnungsstufen mit Beispielen, die Sie in den Schulen beobachtet haben, möglicherweise auch mit Beispielen aus Ihrem eigenen Unterricht.
- Welche Stufe ist besonders häufig vertreten? Welche am wenigsten?
- Woran mag das liegen?

Konkretisieren Sie jede der offenen Unterrichtsformen mit Beispielen, die Sie beobachtet haben.
- Welche Unterrichtsformen sind besonders häufig vertreten? Welche am wenigsten?
- Woran mag das liegen?

Inwieweit ist auch die Seminararbeit an den Konzepten der Öffnung und der offenen Unterrichtsformen orientiert?

6 Offene Unterrichtsformen qualitativ absichern und weiterentwickeln

Falko Peschel

Im Folgenden versuche ich, Impulse für die qualitative Absicherung und Weiterentwicklung der gebräuchlichsten Arbeitsformen des Offenen Unterrichts zu geben.

6.1 Tages- und Wochenplanarbeit

Von der Arbeitsvorgabe für alle hin zur Strukturierungshilfe für den Einzelnen

Tages- und Wochenpläne ermöglichen den Aufbruch des Frontalunterrichts, ohne dabei die Zügel aus der Hand geben zu müssen. Der Lehrer öffnet seinen Unterricht organisatorisch, indem er den Schülern Freiheiten bei der Reihenfolge der am Tag oder in der Woche zu erledigenden Aufgaben lässt. Auch besteht die Möglichkeit, individuell verschiedene Arbeits- und Sozialformen im Unterricht zu erlauben und die Schüler räumlich variabler arbeiten zu lassen. So hat der Lehrer nicht nur innerhalb der Tages- oder Wochenpläne die Möglichkeit, durch die Zusammenstellung verschiedener Aufgaben für verschiedene Leistungsgruppen oder gar einzelne Kinder zu differenzieren, sondern er hat vor allem auch Zeit, Kinder gezielt zu beobachten und zu fördern. Versteht der Lehrer selbstständiges und eigenverantwortliches Arbeiten der Kinder allerdings weitergehender als das Erledigen vorgegebener Aufgaben, so bezieht er die Schüler stärker in die Wochenplanarbeit mit ein. Dies ist z. B. schon durch offenere Aufgabenstellungen möglich, wenn an Stelle der Erledigung vorgegebener Sprach- oder Rechenbuchaufgaben z. B. offene Arbeitsaufträge erfolgen.

Eine weiterführende Form wäre es, die Kinder ihren eigenen Tages- oder Wochenplan machen zu lassen. Sie können dann in einem entsprechenden Raster selbst aufschreiben, was sie sich für den besagten Zeitraum vornehmen wollen (und dazu evtl. noch vom Lehrer brauchen):

> „Ich schreibe meine Piratengeschichte weiter …
> Ich mach mit Karli Einmaleinswettrechnen und große Monsteraufgaben mit Plus und Minus …
> Ich arbeite mit Alex weiter an unserem Vortrag über Ägypten …
> Ich brauche von dir noch zwei große Blätter Tonpapier in Blau.
> Am Donnerstag müssen wir unsere Texte am Computer eintippen. Kannst du uns eintragen und die Texte dann nachgucken?“

In dieser Form gehen Tages- oder Wochenpläne dann in den Offenen Unterricht über, wenn die Lernwege der Kinder freigegeben sind und die von den Kindern selbst miterstellten Wochenpläne nur noch bei wenigen Kindern in der Form von eigenen Lernverträgen als Stütze gebraucht werden.

6.2 Freie Arbeit

Die Freie Arbeit stellt sich in vielen Fällen als stundenweise Stillarbeit oder als zeitlicher Puffer im Wochenplanunterricht dar, wenn sich die Kinder dann mit den in der Klasse verfügbaren Lernmaterialien frei beschäftigen. Oft steht ihnen dabei – im Rahmen der verfügbaren Materialien – Arbeitsform, Sozialform, Ort und Raum frei, d. h., sie können selbst entscheiden, welche Arbeitsmittel sie wann, mit wem, wo und wie lange nutzen. Genauso wie beim herkömmlichen Wochenplanunterricht sind die meisten Tätigkeiten im Rahmen der Freien Arbeit stark materialabhängig und dadurch oft auf reproduktive Übungs- oder reine Beschäftigungsaufgaben beschränkt. Oft ist dabei eine Selbstkontrolle in das Material eingebaut, die sich bei genauerer Betrachtung als völlig von der Aufgabenstellung losgelöste Fremdkontrolle entpuppt, wenn z. B. die Richtigkeit mathematischer Aufgaben nicht etwa durch Proberechnungen überprüft wird, sondern durch irgendwelche geometrischen Muster auf der Rückseite der Lösungsplättchen, oder wenn versucht wird, Sachunterricht durch das Beantworten von Fragen auf irgendwelchen bunten Scheiben zu praktizieren.

Eigenproduktionen statt einer bloß reproduktiven Beschäftigung

Gerade der Freien Arbeit lastet sowohl auf Lehrer- und Schülerseite, aber auch auf Elternseite schnell ein Gefühl verspielter und vertaner Zeit an – zutreffend, wenn Freiarbeit als Erholungsphase zwischen den Frontalstunden oder als vorbereitungsloser Unterricht missbraucht wird. Hier muss der Lehrer sich unbedingt von der Verantwortungsabgabe an das schöne bunte Material als Beschäftigungstherapie lösen und auf die Kinder zählen. Freie Arbeit ist eben nicht als Beschäftigung mit irgendwelchen Arbeitsmaterialien, sondern als Raum für die eigenaktive Auseinandersetzung mit selbst gewählten Inhalten zu verstehen.

6.3 Werkstätten und Stationen

Stationsbetriebe und Werkstätten sind wahrscheinlich die zur Zeit in der Ausbildung beliebtesten offenen Unterrichtsformen. Sie ermöglichen einerseits eine starke Lehrerstrukturierung und -Vorplanung, die nun einmal für die verlangten vorgeplanten Unterrichtsbesuche unabdingbar erscheint, andererseits wirken sie im Vergleich zu lehrergelenktem Unterricht auf den Betrachter unterrichtsmethodisch so frei, dass dieser keine Möglichkeit hat,

Werkstätten und Stationen – didaktische Kompromisse

die richtliniengemäß verlangte Offenheit in der Stunde wiederzufinden. Wochenplanunterricht und Freie Arbeit können dem – in der herkömmlichen Form praktiziert – nur zum Teil gerecht werden, denn das Erledigen des Wochenplans durch die Schüler wirkt oftmals sehr ernüchternd für die erwartete Vorführstunde, während sich der Beobachter einer Freiarbeitsstunde in der Regel fragt, was jetzt eigentlich der zu bewertende Verdienst des Lehramtsanwärters ist, wenn die Kinder wie jeden Tag mit den Arbeitsmitteln aus dem Freiarbeitsregal hantieren.

Beim Werkstattunterricht bereitet der Lehrer eine so große Anzahl von Angeboten vor, dass für die Schüler immer eine Auswahlmöglichkeit besteht. Ob es sich dabei um eine Werkstatt in einem bestimmten Fach bzw. zu einem bestimmten Thema (z. B. „Wasser“) handelt oder der Werkstattunterricht als durchgängiges Unterrichtskonzept wochenplanähnlich alle Fächer einbezieht, bleibt dem Lehrer überlassen. Hat der Lehrer eine ungefähre Vorstellung von der Umsetzung seines Themas in Werkstattangebote, kann er diese z. B. nach folgenden Fragen überprüfen:

- Können sich die Schüler mit eigenen Ideen an der Werkstatt beteiligen?
- Ist ein echter Bezug zur Lebenswirklichkeit gegeben?
- Hat die Werkstatt zieladäquat einen erkennbaren „roten Faden“?
- Ist sie fachlich einseitig angelegt oder ermöglicht sie interdisziplinären Unterricht?
- Sind die fachübergreifenden Komponenten echt integriert oder eher „konstruiert“?
- Beinhaltet sie auch handlungsorientierte Komponenten oder nur Arbeitsblätter?
- Ist das Material kindgerecht und leicht zu beschaffen?
- Beinhaltet sie wirklich anspruchsvolle Aufgaben oder nur reproduktive Übungen?
- Lassen die Aufträge Gestaltungsmöglichkeiten zu oder wird alles vorgegeben?
- Beinhaltet sie nur obligatorische Angebote oder auch offene „Leerangebote“?
- Werden alle Sozial- und Arbeitsformen ausreichend berücksichtigt?
- Ist auch auf Dauer eine Auswahlmöglichkeit durch ein „Überangebot“ vorhanden?

6.4 Projektunterricht

Der Projektunterricht war von seinen historischen Hauptvertretern JOHN DEWEY und WILLIAM HEARD KILPATRICK einstmals als eine Schulung zu Demokratie und Gemeinschaft geplant. Einzelne oder eine Gruppe von Menschen sollten in ihrem Projekt eine Sache bzw. ein Problem „mit ganzem Herzen" angehen und zu lösen versuchen. Dabei wird es dann zu verschiedenen, sich unter Umständen mehrmals wiederholenden Phasen bzw. Tätigkeiten kommen. Am Anfang steht dabei das Beabsichtigen, d.h. eine wirkliche, erfahrungsgeeignete, fächerungebundene Sachlage wird zum Problem eines Einzelnen oder einer Gruppe. Gerade diese Themenfindung erscheint als schwieriger und langwieriger Prozess, wenn man dabei die demokratischen Regeln beachtet. Nach der Einigung auf das Problem erfolgt die Planung, d.h., es werden Lösungen entwickelt. Danach geht es an die Ausführung, wenn die Lösungsmöglichkeiten praktisch erprobt und verbessert werden, sodass Denken und Tun eine Einheit bilden. Die praktische Lösung wird dann in der Beurteilung reflektiert, so dass entweder das Problem als gelöst betrachtet wird, oder aber alle oder einzelne der Schritte wiederholt werden.

Demokratisches Erfahrungslernen statt Hobby-Wochen

Wer hat in der Schule schon einmal ein solches teilnehmergetragenes Projekt erlebt? Mir sind Projekte jedenfalls eher als Hobby-Wochen mit Batik-und Töpferkursen oder Fußballturnieren begegnet. Im Höchstfall wurden irgendwelche schon weitgehend vorbereiteten Unterrichtsreihen wie „Ritter" oder „Indianer" von Lehrern ihren Klassen als Projekte verkauft.

6.5 Ausblick für eigene Schritte zum Offenen Unterricht

Oftmals sind es nur kleine Schritte, die einen rein organisatorisch geöffneten, aber an den Bedürfnissen von Kind und Lehrkraft möglicherweise vorbeigehenden Unterricht von einer Lernsituation trennen, die eine sichere Passung von Lernstoff und Lernenden erzeugt – ohne aufwendige Differenzierungsmaßnahmen der Lehrperson. Dabei hat man es allerdings mit einem radikalen Perspektivwechsel zu tun: Der Blick ist nicht mehr auf die Öffnung des Unterrichts gerichtet, sondern auf das Kind als selber lernendes und selber verantwortliches Individuum. Als mögliche Anregung zur eigenen Positionsbestimmung sowie zur möglichen Weiterentwicklung sollen im Folgenden beispielhaft die Stufen vom geschlossenen Unterricht zum inklusiven, individualisierenden, kompetenzorientierten Unterricht dargestellt werden (von unten nach oben zu lesen).

Raster zur Beurteilung des Grades der Öffnung von Unterricht bzw. Unterrichtssequenzen

Die folgenden Raster haben nichts mit einer Beurteilung der Unterrichtsqualität zu tun. Auch geschlossene Unterrichtssituationen wie ein themenzentriertes Gespräch im Sitzkreis oder ein Expertenvortrag können trotz eines unteren Rangplatzes in einem Raster sinnvoll und effektiv sein. Vielmehr sollen diese „Stufen der Öffnung" Anhaltspunkte zur Reflexion darstellen, ob nicht eine höhere Stufe der Öffnung aus Gründen der Qualitätssicherung sinnvoll wäre. Dabei geht es nicht um eine Öffnung „um der Öffnung Willen", sondern um den Spielraum der Individualisierung, den das Kind benötigt, um seine Kompetenzen ausbilden zu können.

Kopiervorlage

Raster

Methodische Offenheit von Unterrichtssequenzen:
Inwieweit kann der Schüler seinem eigenen Lernweg folgen?

	Methodischer Spielraum	Mögliche Arbeitsanweisungen
5	Eigene ‚vordidaktische' Zugangsweisen/ Wege der Kinder: Aufgaben werden auf unterschiedlichsten Niveaus/mit unterschiedlichsten Zugangsweisen nebeneinander bearbeitet – ‚freier Ausdruck' ist grundlegendes Element	Wie machst du das?
4	Eigene methodische Zugangsweisen in größeren Teilbereichen: Aufgaben können auf unterschiedliche Art/auf unterschiedlichen Wegen angegangen werden	Probiere, die Aufgabe auf deine Art zu lösen. Wir stellen nachher fest, welcher Weg der beste ist/ich zeige euch nachher den besten Weg.
3	Eigene methodische Zugangsweisen nur in bestimmten Teilbereichen	Löse diese Aufgabe mit einem beliebigen Anschauungsmittel.
2	Eigene methodische Zugangsweisen nur in bestimmten Teilbereichen und mit engeren Vorgaben	Übe die Aufgaben mit dem Verfahren, mit dem du am besten arbeiten kannst.
1	Eigene methodische Zugangsweise minimal	Übe die Aufgaben nach diesen drei Verfahren …
0	Feste Aufgaben	Bearbeite die Aufgabe … wie an der Tafel geübt.

Kopiervorlage

Raster

Organisatorische Offenheit von Unterrichtssequenzen:
Inwieweit kann der Schüler die Rahmenbedingungen seiner Arbeit selbst bestimmen?

	Organisatorischer Spielraum	Mögliche Arbeitsanweisungen
5	Ermöglichung ganz freier Zeiteinteilung, Orts- und Partnerwahl auf Dauer – langfristige eigene Arbeitsvorhaben	Wann arbeitest du mit wem wo?
4	Ermöglichung längerfristiger Planung von Arbeitsvorhaben Eigene Bestimmung der Sozialform/ des Ortes	Arbeite/arbeitet innerhalb unserer Forscherstunden an deinem/eurem Arbeitsvorhaben (bei freier Bestimmung der Arbeitsbedingungen).
3	Nur stunden- bzw. phasenweise Planung von Arbeitsvorhaben Mitbestimmung bei der Wahl der Sozialform/des Ortes	Plant und erarbeitet euren Beitrag bis zum Vorstelltermin aus. Musikraum und Kellerflur sind auch frei.
2	Möglichkeit zur eigenständigen Festlegung der Bearbeitungsreihenfolge vorgegebener Aufgaben/Teilthemen Eingeschränkte Wahl der Sozialform/ des Ortes	Bearbeite die Aufgaben bis nächste Woche. (Du kannst mit Partnern arbeiten, du kannst im Atelier, … arbeiten.)
1	Organisatorische Öffnung in nur minderen Bereichen: Einbezug des Flures als Arbeitsort, Möglichkeit zur Änderung der Bearbeitungsreihenfolge einer Aufgabe, Möglichkeit zum Einbezug des Nachbarn bei der Bearbeitung einer vorgegebenen Aufgabe	Bearbeite jetzt die Aufgaben – egal in welcher Reihenfolge. Frage deinen Nachbarn, wenn du Hilfe brauchst. Wer ganz leise ist, kann auch im Gruppenraum arbeiten.
0	Feste, ganz konkrete Aufgabenvorgabe	Bearbeite die Aufgaben, … nacheinander.

Kopiervorlage

Raster

Inhaltliche Offenheit von Unterrichtssequenzen:
Inwieweit kann der Schüler über seine Lerninhalte selbst bestimmen?

	Inhaltlicher Spielraum	**Mögliche Arbeitsanweisungen**
5	Überfachliche eigene Arbeitsvorhaben (Mathe, Sprache, Sachunterricht etc. nebeneinander)	Was machst du?
4	Innerfachliche eigene Arbeitsvorhaben (alle „forschen", können aber ihr Thema frei bestimmen)	Du kannst in den Fachstunden frei arbeiten. Nimm dir/nehmt euch selbst etwas im Fach … vor.
3	Rahmenthema vorgegeben (alle arbeiten zum Thema, aber Unterthemen/Umsetzungsformen sind frei bestimmbar)	Überlege dir/überlegt euch einen eigenen Beitrag zu unserer Einheit …
2	Aspekte des Rahmenthemas sind festgelegt und Kinder füllen dieses oder wählen zwischen den Aspekten (Unterthemen zum von der Lehrkraft ausgewählten Oberthema – konkrete inhaltliche Umsetzung aber durch die Kinder)	Such dir/sucht euch eines der vorgegebenen Teilthemen zu unserer Einheit … aus und arbeite/arbeitet dazu.
1	Themenvariation/festes Thema mit Überangebot (von der Lehrkraft aufbereitete Unterthemen stehen zur Wahl bzw. können leicht variiert werden)	Du kannst dir aus diesen Aufgaben eine aussuchen oder das gestellte Thema auch etwas verändern.
0	Feste Aufgabenvorgabe	Bearbeite die Aufgaben x, y, z

Begleitung des Schulanfangs

7

Angelika Speck-Hamdan

Der Schulanfang markiert einen wichtigen Punkt in der Bildungsbiographie eines Kindes. Es wird in eine Institution aufgenommen, die für alle verpflichtend ist und durch die Vergabe von Berechtigungen (Vorrücken, Übertritt, Abschlusszeugnis) entscheidenden Einfluss auf weitere Bildungsmöglichkeiten und letztlich auch auf berufliche und gesellschaftliche Chancen hat. Dies ist den Eltern mehr oder weniger, den Kindern selbst aber in dieser Tragweite nicht bewusst. Doch wissen die Kinder, dass der Status eines Schulkindes einen Zuwachs an Wissen und Können, in gewisser Hinsicht auch an Prestige bedeutet. Ein Schulkind werden heißt, zu den „Großen" zu gehören und eben die Verpflichtungen anzunehmen, die mit diesem Status verbunden sind.

Der Grundschule, die an diesem Anfang steht, kommt damit eine besondere Aufgabe zu. Sie nimmt – so ihr Auftrag – alle Kinder auf und hat den Anspruch, jedes Kind bestmöglich zu fördern und ihm einen erfolgreichen Weg durch die Schule zu eröffnen. Dieser Auftrag gründet sich in erster Linie auf ihre Stellung und Funktion im Bildungssystem. Die Grundschule ist erste Schule für Kinder, führt also ins schulische Lernen ein; die Grundschule ist gemeinsame Schule für alle Kinder, also ein Ort, an dem das Zusammenleben und -lernen von verschiedenen Menschen eingeübt wird; und schließlich ist die Grundschule Kinderschule, also eine Schule, die die besonderen Ansprüche von Kindern im Grundschulalter berücksichtigt, was sich insbesondere auf die Formen des Lehrens und Lernens auswirkt. In der Phase des Schulanfangs werden diese Anforderungen noch einmal komprimiert; hier findet die Einführung in das schulische Leben und Lernen unmittelbar statt und muss gestaltet werden. Die Voraussetzungen dafür wandeln sich im Zuge gesamtgesellschaftlicher Veränderungen, bildungspolitischer Maßgaben wie auch fachlicher Weiterentwicklungen.

In der Grundschule wird das Zusammenleben vieler verschiedener Menschen eingeübt.

Unter den vielfältigen Bedingungen, die den Schulanfang heute kennzeichnen, stechen insbesondere die größere Heterogenität der Kinder, das neue Verständnis von Schulfähigkeit und die verstärkte Kooperation mit dem Elementarbereich hervor.

7.1 Bedingungen

Größere Heterogenität

Die ohnehin vorhandene Streuung in den Lernvoraussetzungen von Schulanfängern hat durch diverse schulorganisatorische Neu-Regelungen noch zugenommen. So öffnet sich die Grundschule im Zuge der Inklusionsbemühungen immer mehr auch für Kinder mit Behinderungen. Durch die Lockerung der Bestimmungen zur vorzeitigen Aufnahme in die Schule sowie durch die in vielen Bundesländern vorverlegten Stichtage können mehr jüngere Kinder aufgenommen werden. Dazu kann allgemein von sehr pluralen Lebensbedingungen der Kinder ausgegangen werden, die sich auch auf ihre Zugänge zu Bildungsangeboten im Elementarbereich und deren Nutzung auswirkt. Die Bildungsnähe des Elternhauses scheint einen wesentlichen Einfluss darauf zu haben. So treffen in einer Eingangsklasse Fünf- bis Siebenjährige, Kinder mit und ohne Behinderung, Kinder mit einer bereits planvoll arrangierten Bildungserfahrung und Kinder ohne eine solche, Kinder mit den unterschiedlichsten sozialen, kulturellen und sprachlichen Vorerfahrungen zusammen. Es wäre unter diesen Umständen illusionär zu glauben, ein für alle gleicher Unterricht könne auch allen Kindern gerecht werden.

Schulfähigkeit als Aufgabe

Die Schulfähigkeit ist eine gemeinsame Aufgabe von Kind, Familie, Kita und Schule. Angesichts dieser ersten Bedingung ist es konsequent, am Schulanfang keine selektiven Entscheidungen, die sich auf eine gewissermaßen normierte Erwartung beziehen müssten, zu treffen. Denn eine solche Erwartung suggeriert Gleichheit, die nicht gegeben ist; und sie bindet die Schulfähigkeit einseitig an das einzuschulende Kind, seine Eigenschaften, seine Vorkenntnisse und Fähigkeiten. Schulfähigkeit aber hängt immer auch von den Bedingungen ab, die Schule bieten kann und die von ihr gesetzt werden. Das heute in der Pädagogik allgemein akzeptierte Konzept der Schulfähigkeit geht von einem Zusammenwirken der Systeme aus, die am Schulanfang aufeinandertreffen. Das Kind selbst als Akteur seiner Entwicklung ist eingebunden in Umwelten, die ihm spezifische Erfahrungs- und Lernmöglichkeiten bieten. Seine Familie wie auch die Einrichtungen des Elementarbereichs haben bisher die Räume abgesteckt, in denen es Erfahrungen machen konnte. Je nachdem, wie anregungsreich diese Räume waren, wie sehr die informellen Lernmöglichkeiten und die formalen Bildungsangebote auch schon Bereiche berührten, die für das schulische Lernen von Bedeutung sind, konnten Kompetenzen aufgebaut werden, die nun in der Schule anschlussfähigen Lernprozessen den Weg ebnen. In diesem Sinn ist Schulfähigkeit eine gemeinsame Aufgabe von Familie, Kind, Kita und Grundschule. Für die Lehrperson einer Eingangsklasse ergibt sich daraus eine besondere Verantwortung; sie muss an der Schulfähigkeit jedes Kindes mitwirken, was insbesondere durch sorgsame Diagnose und einen adaptiven Unterricht zu erreichen ist.

Schulfähigkeit ist die gemeinsame Aufgabe von Eltern, Kind und Kita.

Notwendigkeit der Kooperation

Eines der wichtigsten bildungspolitischen Anliegen der vergangenen Jahre war die Kooperation der Grundschule mit dem Elementarbereich. In allen Bundesländern wurden Anstrengungen zur Verbesserung dieser Kooperation unternommen, wobei die Formen durchaus vielgestaltig sind. Bereits im Beschluss der Kultusministerkonferenz (KMK) und der Jugend- und Familienministerkonferenz (JFMK) aus dem Jahr 2004 heißt es:

> *Um den Übergang von den Kindertageseinrichtungen in die Grundschulen für Kinder und Eltern zu erleichtern, ist die Zusammenarbeit zwischen den beiden Bildungsinstitutionen zu stärken.*

Die beiden Konferenzen fordern eine „Optimierung des Übergangs“ und sehen den Weg in einer verstärkten Kooperation der beiden Bildungsbereiche. Näher konkretisiert wird diese Forderung im gemeinsamen Beschluss von KMK und JFMK aus dem Jahr 2009, mit dem Titel „Den Übergang von der Tageseinrichtung für Kinder in die Grundschule sinnvoll und wirksam gestalten – Das Zusammenwirken von Elementarbereich und Primarstufe optimieren“. Die Regelungen dazu in den einzelnen Bundesländern sind verschieden, doch verfolgen alle dasselbe Ziel, nämlich eine Sicherung der Anschlussfähigkeit für alle Kinder. In einigen Bundesländern liegen mittlerweile Bildungspläne vor, die beide Bereiche umfassen und nun mit Leben gefüllt werden müssen. Vieles im Bereich der Kooperation läuft auf der Ebene von konkreten Projekten. Die Erfahrungen mit der Zusammenarbeit sind unterschiedlich, was nicht nur daran liegt, dass es kein einheitliches Rezept dafür gibt. Dies ist auch der Tatsache geschuldet, dass es letztlich auf die Personen vor Ort ankommt, die eine Form der Kooperation für sich finden und gestalten müssen.

Aus diesen Bedingungen ergeben sich schulorganisatorisch neue Formen, professionell neue Aufgaben sowie unterrichtlich neue Schwerpunktsetzungen für die Gestaltung von Schulanfang und Anfangsunterricht.

7.2 Konsequenzen

Neue / Flexible Schuleingangsstufe

Schulorganisatorisch ist die Neue Schuleingangsstufe – in manchen Bundesländern auch Flexible Schuleingangsstufe genannt – eine konsequente Antwort auf die Heterogenität der Kinder und die Unterschiedlichkeit ihrer Ausgangslagen, indem sie ein unterschiedlich langes Verweilen in dieser Schulstufe ermöglicht. Sie entspricht auch dem neuen Verständnis von Schulfähigkeit, indem sie Kinder ohne vorherige Selektion aufnimmt und die Erarbeitung der Schulfähigkeit als gemeinsame Aufgabe aller am Übergang Beteiligten begreift. Sie stellt sich durch adaptive Lernangebote bewusst auf die individuellen Dispositionen der Kinder ein.

Kennzeichen der Neuen Schuleingangsstufe sind neben der Aufnahme aller Kinder ohne vorherige Selektion und der flexiblen Verweildauer von einem bis zu drei Jahren die Jahrgangsmischung, die Förderdiagnostik, differenzierende Formen des Unterrichts sowie zusätzliche personelle Ressourcen. Nicht in allen Bundesländern und in allen Modellen sind alle diese Kennzeichen vorzufinden. Daher ist eine allgemeine Bewertung dieser organisatorischen Form des Schulanfangs schwierig. Die Erfahrungen lassen sich dahingehend zusammenfassen, dass dieser Weg vielversprechend und möglich ist, aber nicht ohne zusätzliche Unterstützungssysteme. Es konnten innovative Unterrichtsformen gefunden werden, die der Unterschiedlichkeit der Lernvoraussetzungen Rechnung tragen und sie sogar zu nutzen imstande sind. Die Arbeitsbelastung der Lehrpersonen wird allerdings als hoch empfunden, was auf die Notwendigkeit von Unterstützung deutlich hinweist.

Funktion und Bedeutung von Diagnose und Beobachtung

Der Wegfall einer selektiven Schuleingangsdiagnostik führt nicht zum kompletten Verzicht auf Diagnostik am Schulanfang, sondern vielmehr zu einer differenzierteren Form der Bestandsaufnahme der individuellen Lernausgangslagen. Die Diagnose dient jetzt der Planung der passenden Lernangebote. Daher muss sie zum einen bereichsspezifisch ausgerichtet sein und zum andern fortlaufend erfolgen, damit sie Prozesse abbilden kann. Sie muss dem bekannten Prinzip pädagogisch-psychologischer Diagnostik folgen: Feststellung der Ausgangslage in einem spezifischen Kompetenzbereich – Planung eines darauf abgestimmten Lernangebots – Evaluation des Lernerfolgs. Dazu bedarf es eines hohen professionellen Wissens über den Aufbau von relevanten Kompetenzen, aber auch verlässlicher und leicht handhabbarer diagnostischer Instrumente, die bisher nur vereinzelt vorliegen.

Für den Übergang vom Elementar- zum Primarbereich entsteht zusätzlich das Problem der unterschiedlichen Beobachtungs- und Diagnosepraxis in den beiden Einrichtungen. Während im Elementarbereich relativ umfassend das Verhalten des Kindes insgesamt beobachtet wird, konzentriert sich die Diagnose im Primarbereich eher auf einzelne Fähigkeiten wie z.B. das Lesen oder das mathematische Verständnis. Die verwendeten Instrumente sind nicht dieselben. Diese Situation erschwert auch die Verständigung über Entwicklungs- und Lernprozesse über institutionelle Grenzen hinweg.

Sicherung der Anschlussfähigkeit

Schulanfänger sind keine Lernanfänger. Sie haben bereits eine individuelle Lerngeschichte hinter sich. In vielen Bereichen muss man sie als echte Könner anerkennen; in andere Bereiche werden sie erst durch die Angebote der Schule eingeführt. Je nach ihren Erfahrungs- und Lernmöglichkeiten befinden sie sich auf unterschiedlichen Stufen oder in unterschiedlichen Stadien ihrer diversen Kompetenzentwicklungen. Aufgabe der Grundschule ist es, begonnene Lern- und Entwicklungsprozesse produktiv zu unterstützen und auch neue anzustoßen. Dazu braucht die Lehrperson Informationen über den aktuellen Stand der Entwicklung (Diagnostik), über Stärken des Kindes, aber auch über seine Schwächen. Nur dann kann es ihr gelingen, die Lernangebote adaptiv zu planen und zu gestalten. Ziel ist dabei die Sicherung der Anschlussfähigkeit. Diese bezieht sich nicht einseitig auf eine Abstimmung der institutionellen Angebote im Elementar- und im Primarbereich, sondern vor allem auf die individuellen Lernbiografien der Kinder. Es ist zweifellos hilfreich zu wissen, was die benachbarte Kita hinsichtlich Sprachförderung getan hat, noch entscheidender für das Gelingen des individuellen Lernprozesses ist es aber zu wissen, ob das Kind X an dieser Maßnahme teilgenommen hat, ob es mit dem Angebot zurechtgekommen ist, ob und welche Schwierigkeiten es möglicherweise hatte, welche Kompetenzen es wie weit aufbauen konnte und wo seine Stärken liegen, an die sich anknüpfen lässt. Dies setzt zum einen eine enge Kooperation mit dem Elementarbereich voraus und führt zum andern zur Notwendigkeit differenzierter Lernangebote.

7.3 Der Anfangsunterricht

Im Anfangsunterricht bündeln sich die genannten Bedingungen und Aufgaben. Hinsichtlich der Gestaltung des Schulalltags, insbesondere des Unterrichts, gilt es in mehrfacher Hinsicht eine Balance zu finden.

Balance zwischen Vertrautem und Neuem

Schulanfänger sind Neulinge im System Schule. Sie müssen mit den Regeln und Gepflogenheiten der Schule erst vertraut werden. Neue Erfahrungsräume eröffnen sich. Dieses Neue trifft jedoch in der Regel auf Neugier und Entdeckerfreude. Es setzt Kräfte und Energien frei, zumal Kinder zu Beginn der Schule überzeugt sind, durch Anstrengung zu erwünschten Leistungen zu gelangen. Gleichzeitig aber kann Neues auch verunsichern, sofern sich kein Halt am Vertrauten bietet. Das Vertraute können die Freunde aus der Kita sein, können Bücher oder Spiele sein, die es auch schon in der Kita gegeben hat und die nun mitgewandert sind in die Schule. Das Vertraute können aber auch die Kompetenzen sein, über die Kinder sicher verfügen und die sie nun einsetzen können, um weitere Kompetenzen zu erwerben.

Anknüpfen an Vertrautes erleichtert die Anschlussfähigkeit.

Ein Anfangsunterricht, der beides in der Balance hält, der dem Vertrauten ebenso einen Platz einräumt wie dem Neuen, wird der Situation der Schulanfänger gerecht. Das Anknüpfen am Vertrauten erleichtert die Anschlussfähigkeit und schafft das nötige Vertrauen in die eigenen Fähigkeiten. Das Angebot des Neuen gibt Impulse zum Überschreiten des vorhandenen Könnens. Es löst das Versprechen auf den Kompetenzzuwachs ein. Schule, die nichts Neues gegenüber der Kita bietet, ist langweilig und uninteressant. Schule sollte für jedes Kind etwas Interessantes bereithalten.

Balance zwischen Individuellem und Gemeinsamem

Mit Sicherheit stellt die Unterschiedlichkeit der Kinder eine große Herausforderung dar, zieht sie doch die Forderung nach möglichst individuellen Lernarrangements nach sich. Individualisierung gilt gewissermaßen als Zauberformel für die Berücksichtigung der Heterogenität. Doch findet schulisches Lernen nach wie vor in der Gemeinschaft einer Gruppe von etwa gleichaltrigen Kindern statt; und diese Bedingung wird auch nicht in Zweifel gezogen, weil Kinder Kinder brauchen. Kinder brauchen Kinder, um sich gegenseitig anzuregen, um sich kognitive, soziale und emotionale Entwicklungsimpulse zu geben und um Dinge zu lernen, die sie von Erwachsenen nicht lernen können. Die Erfahrung von Gemeinschaft ist grundlegend für das Zusammenleben in der Gesellschaft und für das eigene Gefühl des Aufgehobenseins.

Ein Anfangsunterricht, der beides in der Balance hält, das Individuelle und das Gemeinsame, wird Räume und Zeiten für das individuelle wie für das gemeinsame Lernen reservieren und bewusst gestalten. Individuelle Lernangebote können sich aber auch ergänzen, etwa in einem Projekt; und Kinder können dasselbe Angebot erhalten und beim gemeinsamen Lernen kokonstruktiv zu Lösungen kommen. Das eine steigert seinen Wert durch das andere.

Balance zwischen Heteronomie und Autonomie

Schule ist immer auch mit einem gewissen Maß an Fremdbestimmung verbunden. Die Schulgesetze regeln die Schulpflicht. Die Curricula schreiben vor, welche Kompetenzen erworben werden sollen. Die Schulordnung schreibt vor, welche Regeln im Schulhaus zu befolgen sind. Im Klassenzimmer herrschen die Klassenregeln und die Ansagen der Lehrperson. Demgegenüber steht die Selbstbestimmung der Lernenden, die per se unverfügbar sind, die aber auch lernen sollen, die Verantwortung für ihr eigenes Lernen zu übernehmen. Selbst einem Schulanfänger ist die Autonomie im Lernen nicht abzusprechen; denn er oder sie entscheidet selbst über die Annahme und Nutzung der Lernangebote, die ihm offeriert werden.

Lehrpersonen stehen also vor der nicht ganz trivialen Aufgabe, den Vorschriften und konsensuellen Vereinbarungen der Gesellschaft über schulische Ziele und Inhalte Rechnung zu tragen und gleichzeitig die Autonomie der lernenden Kinder zu respektieren. Das gelingt in aller Regel bei Schulanfängern noch relativ leicht, da sie die Lernangebote bereitwilliger als etwas ältere Schüler annehmen und die fremdgestellten Anforderungen zu den ihren machen. Für den Anfangsunterricht verlangt diese Balance ein feines Gespür für die Bedürfnisse der einzelnen Kinder.

8 Kinder mit Zuwanderergeschichte – Sprachförderung und mehr

Horst Bartnitzky

„Kinder mit Migrationshintergrund“ – wer ist das?

Wenn wir von Kindern mit Zuwanderergeschichte sprechen, dann meinen wir ein eingegrenztes Datum von Zuwanderung: Das Kind wurde außerhalb des Landes geboren und ist in die BRD eingewandert. Oder ein Elternteil wurde außerhalb geboren und ist eingewandert. Diese zeitliche Begrenzung bis zur Elterngeneration liegt zum Beispiel dem Mikrozensus für 2011 zugrunde. Im Jahr 2009 hatten nach dieser Definition fast 20 % aller in Deutschland lebenden Menschen (genau 19,6 %) eine Zuwanderergeschichte, wie das Statistische Bundesamt mitteilte. Grundschulkinder machten dabei etwa ein Drittel aus. (Zahlen bei wikipedia zum Stichwort: Migrationshintergrund).

Wenig befriedigend ist die Begrifflichkeit: Die Formulierung „Kinder mit Zuwanderergeschichte“ ist sperrig. „Kinder mit Migrationshintergrund“ ist ein Alternativbegriff, der aber noch bürokratischer klingt. Beide Begriffe hatten unzutreffende Bezeichnungen abgelöst, wie ausländische Kinder oder Migranten. Nach dem Staatsangehörigkeitsrecht ist jedes in Deutschland geborene Kind Deutscher, wenn wenigstens „ein Elternteil seinen gewöhnlichen rechtmäßigen Aufenthalt in Deutschland hat und ein unbefristetes Aufenthaltsrecht besitzt“ (§ 4 Abs. 3 StAG). Viele der Kinder mit Zuwanderergeschichte sind demnach rechtlich keine ausländischen Kinder. Der Begriff Migranten wiederum unterstellt, dass Deutschland nur vorübergehend der Lebensort ist (migrare, lat. = wandern); dabei ist er für viele ein Heimatland. Eine befriedigende Kurzbenennung ist mithin nicht vorhanden.

„Jedes Kind ist anders.“ (Maria Montessori)

In den Grundschulen lernen und leben Kinder mit Migrationsgeschichte in höchst unterschiedlicher Verteilung, je nach Einzugsbereich der Schule und den häuslichen Milieus. Es gibt Schulen, die kein einziges Kind mit Zuwanderergeschichte haben, und andere, die 80 bis 90 % von ihnen vorweisen können. Für die (Grund-)Schule sind Kinder mit Zuwanderergeschichte im Übrigen keine Besonderheit, sondern sie stellen nur eine Facette in der Zusammensetzung der Schülerschaft und ihre Verschiedenheit dar, angefangen bei Unterscheidungen in Jungen und Mädchen, verschiedenen Lerndispositionen, in behinderte und nicht behinderte Kinder usw.

Durch die Kinder mit Zuwanderergeschichte wurde jedoch für die (Grund-) Schule der Blick für einige Aufgaben geschärft, die sich in drei Felder aufteilen lassen.

8.1 Drei Arbeitsfelder

Deutsch als Bildungssprache

Die deutsche Sprache ist ein Schlüssel für Bildung und Integration.

Vorrangig wird öffentlich über die Notwendigkeit der Sprachförderung der Kinder mit Zuwanderergeschichte diskutiert. Zum Beispiel haben Sprachtests und Fördermaßnahmen im vorschulischen Bereich hier ihre Begründung. Die Beherrschung der deutschen Sprache gilt zu Recht als ein entscheidender Schlüssel für Bildungserfolg, für gesellschaftliche Teilhabe und Integration.

Dass die Schule hier einen besonderen Förderauftrag hat, gilt allerdings nicht nur für Kinder mit Zuwanderergeschichte, sondern ebenso für viele Kinder aus deutschsprachigen Milieus. Deshalb wird in diesem Beitrag nicht der sonst gängige Begriff Deutsch als Zweitsprache verwendet, der nur Kinder mit nicht deutscher Familiensprache bezeichnet, sondern der Begriff Bildungssprache, der alle Kinder betrifft (siehe Bartnitzky/Speck-Hamdan 2005).

Unterricht in den Herkunftssprachen

Herkunftssprachen sind individuell und gesellschaftlich wichtig.

Den Sprachen ihrer Herkunft begegnen Kinder mit Zuwanderergeschichte in ihren Familien und in Kontakten zum Herkunftsland. In dieser Sprache sprachfähig zu sein, bedeutet für das Kind lebensbiografisch eine wichtige Verankerung. Sprachenpolitisch unterstützt die Förderung in Herkunftssprachen die Sprachenvielfalt in Mitteleuropa über Englisch als lingua franca hinaus und ist deshalb auch ein gesellschaftlicher Wert.

Deshalb sind Angebote in Herkunftssprachen für die betreffenden Kinder wichtige Lerngelegenheiten.

Lehrkräfte dieser Sprachen sind auch wichtige Unterstützer der Kinder und ihrer Sprachlernprozesse. Zum Beispiel können zweisprachige Phasen den Kindern den sprachlichen Transfer erleichtern, die nicht deutsche Sprache kann das Schulleben bereichern und die Achtung vor der anderen Sprache fördern. Allerdings sind Bedingungen dafür, dass Lehrkräfte der Herkunftssprachen überhaupt vorhanden sind und dass die Kinder in der Schule schwerpunktmäßig eine oder nur wenige unterschiedliche Herkunftssprachen haben.

Interkulturelles gehört zur Lebenswelt auch der Kinder.

Interkulturelle Bildung

Die Mitarbeit von Kindern mit Zuwanderergeschichte in der Klasse und die Präsenz von Zuwanderern in der Lebenswelt der Kinder eröffnen Möglichkeiten, Sprachbegegnungen und interkulturelle Themen in den Arbeitsplan der Schule aufzunehmen. Das beginnt bei Ritualen im Schulleben, z. B. mit Begrüßungen in den verschiedenen Sprachen, Liedern, Sprüchen, Musik; eröffnet neue Aspekte für Unterrichtsthemen wie Wohnen, Tagesverläufe, Feiern hier und anderswo, Geschichten aus aller Welt, wie z. B. Märchen, Kinderbücher, Eulenspiegel und Nasredin Hodscha und anderes mehr.

Wichtiger Suchbegriff im Internet: raa

Materialien und weitere Hinweise zu den drei Arbeitsfeldern findet man im Internet mithilfe des Suchbegriffs raa. Hierbei stößt man auf die Homepages der Regionalen Arbeitsstellen zur Förderung von Kindern aus Zuwandererfamilien (früher Ausländerkinder, deshalb das zweit A). Sie bieten Unterrichtshilfen an, das zum Teil bestellt werden kann oder auch im Internet zur Verfügung steht.

8.2 Deutsch als Bildungssprache

Ein Beispiel aus einem beliebigen Sachunterrichtsbuch Klasse 4:

Noch vor 200 Jahren war die Gegend des Ruhrgebietes eine Landschaft, die nur wenig besiedelt war. Heute ist hier der größte Ballungsraum Deutschlands.

Stolperstellen in Schulbuchtexten

Für im Deutschen sprachlich entwickelte Viertklässler dürften die beiden Sätze keine Schwierigkeiten bedeuten. Für Kinder mit schwach entwickelter deutscher Sprache allerdings birgt der Text mehrere Hürden:

- Er bietet einen abstrakten Gedankengang mit inhaltlich schwachen Hilfsverben und eher unanschaulichen Nomen: Gegend, Landschaft, Ballungsraum.
- Proformen, also Verweiswörter, müssen auf den Bezug hin bestimmt werden: „die“ bezieht sich auf Landschaft, „hier“ auf Gegend des Ruhrgebietes.
- Fachsprachliche Begriffe müssen bekannt sein: Ballungsraum als Fachbegriff, dessen Grundwort Raum für die Kinder alltagssprachlich anders gefüllt ist; zudem: zusammengesetztes Nomen.
- Zweimal wird der in der Alltagssprache nicht vorhandene Kasus Genitiv verwendet.

Kinder, die Texte wie diesen nicht verstehen, können sich durchaus im Alltag verständlich machen und dem Unterricht im großen Ganzen folgen. An solchen Texten aber scheitern sie. Dies trifft nicht nur auf viele Kinder mit Zuwanderergeschichte zu, sondern ebenso auf Kinder aus deutschsprachigen Milieus. Genauer betrachtet, ist nicht der Zuwandererstatus entscheidend für das Nichtverständnis, sondern das sprachliche Milieu, in dem die Kinder aufgewachsen sind: Kinder aus sog. „bildungsfernen" Milieus haben zwar sprachliche Fähigkeiten entwickelt, mit denen sie ihren Lebensalltag bewältigen können, aber oft nicht die Sprachkompetenzen, die für anspruchsvollere Sachtexte und für literarische Texte erforderlich sind.

Kinder aus bildungsorientierten Milieus dagegen haben von klein auf gelernt, auch über etwas zu sprechen, was nicht sichtbar und konkret vorhanden ist sowie sprachliche Informationen zu entschlüsseln, die nicht von Gestik begleitet sind; ihnen wurde vorgelesen, mit ihnen wurde über Vorgelesenes kommuniziert, sie haben in ihrer Lebenswelt, von Erwachsenen begleitet, erkundet und erforscht und alles miteinander sprachlich verhandelt.

Was unterscheidet Bildungssprache von Alltagssprache?

Zwischen zwei Sprachebenen muss mithin unterschieden werden:

- die Alltagssprache (BICS): Sie verwendet die situationsgebundene Sprachfähigkeit, bei der die Sprachbedeutung durch den situativen Kontext, durch Intonation, durch nonverbales Verhalten erschlossen wird. Weite Strecken des Unterrichts können mit entsprechender Unterstützung der Lehrkraft und durch Abgucken bei anderen hiermit scheinbar bewältigt werden. In der Fachliteratur werden die alltagssprachlichen Fähigkeiten oft mit Bezug auf amerikanische Forschung Basic Interpersonal Communicative Skills genannt, kurz BICS.
- die Bildungssprache (CALP): Damit wird die vom Kontext unabhängige Sprachfähigkeit bezeichnet, bei der die Bedeutung aus den sprachlichen Informationen gewonnen wird. Statt konkreter und situationsgebundener Alltagssprache ist die Sprache abstrakter und komplexer in Wortbildung, Wortverwendung und Syntax. In der Fachliteratur wird sie oft als Cognitive Academic Language Proficiency bezeichnet, kurz CALP.

8.3 Integrative Sprachförderung

Die Förderung der bildungssprachlichen Fähigkeiten muss im Laufe der Grundschulzeit zunehmend an Bedeutung gewinnen und in den Sekundarschulen fortgesetzt werden. Fördermaterial der verschiedenen Verlage zu Deutsch als Zweitsprache sind allerdings oft thematisch begrenzt mit Themen wie Familie und Freizeit und sie bleiben sprachlich häufig auf der Ebene der Alltagssprache stehen. Dagegen ist es wichtig, dass die Kinder sprachliche Anregungen und Unterstützungen bei der Arbeit an den schulischen Themenfeldern und mit den verwendeten Büchern und Arbeitsmitteln erwerben. Dies gilt nicht nur für den Deutschunterricht, sondern für alle Fächer, siehe das Textbeispiel oben aus einem Sachunterrichtsbuch (S. 64) oder im Mathematikunterricht Fachbegriffe, die umgangssprachlich anders besetzt sind (abziehen, rechter Winkel, ...) und Textaufgaben. Das bedeutet: Die Förderung der Bildungssprache muss Anliegen aller Fächer sein und sich im regulären Unterricht, also integrativ realisieren. Wenn bestimmte Wort- und Satzbildungen, Strategien der Entschlüsselung komplexer Sprachstrukturen umfangreichere Übungen erforderlich machen, dann kann der integrative Unterricht durch Förderschleifen ergänzt werden. Die Übungen in der Förderschleife beziehen sich auf die sprachbezogen kritischen Stellen im integrativen Unterricht und führen wieder in den Unterricht zurück.

Ein Beispiel: „Die Wiese erforschen"
Im Unterricht werden Ausschnitte aus einer Wiese von den Kindern betrachtet, Kleintiere werden beobachtet und anhand von Fotos bestimmt. Ein Regenwurm wird näher beleuchtet, sein Verhalten z. B. in einer Kiste mit trockenem und mit feuchtem Sand wird beobachtet. Texte werden dazu im Sachbuch gelesen und im Lexikon nachgeschaut.

- Fachwörter werden gesammelt und genutzt: Namen von Pflanzenteilen, Tieren, dabei die Artikelverwendung; Verben für Fortbewegungsarten; Adjektive zur Beschreibung der Farben und Formen).
- fachspezifische Redemittel werden illustriert und geklärt: mit der Lupe betrachten, einige Zeit beobachten, vorsichtig aufheben, eine Bodenprobe nehmen ... Sätze werden dazu gebildet.
- Präpositionen werden geübt mit Antworten auf Fragen wie: Wo wächst der Löwenzahn? Wo krabbelt der Käfer? Wo kriecht der Regenwurm?
- Steckbriefe über Pflanzen und Tiere der Wiese werden geschrieben und für ein Wiesenlexikon gestaltet.
- Sätze werden gebildet aufgrund der eigenen Erfahrungen mit den Satzkernen (Prädikaten): *hat gesehen:* wer? was? wo?, *hat geforscht:* wer? über was? mit wem? Statt des Perfekts wird das Präteritum verwendet: *sah, forschte.*
- Muster von Satzgefügen werden vorgegeben und mit den erworbenen Kenntnissen zu Sätzen verwendet (Grabtiere sind wichtig, weil ... Grabtiere heißen so, weil ... Unter der Wiese können tiefe Gänge sein, weil ...).

Was für guten Grundschulunterricht generell gilt, hat hier besondere Bedeutung: Konkretes Handeln und gewonnene Erfahrungen werden versprachlicht. Für die spezielle Sprachförderung kommt hinzu: Unbekannte Sprachmittel werden themenbezogen eingeführt, gelistet, als Muster verfügbar gemacht und variantenreich verwendet. Dabei ergänzen sich implizite und explizite Sprachaneignung: implizite, also nicht bewusste Sprachaneignung durch Tun, beschreibendes und klärendes Sprechen, informierendes Lesen, und explizite, also bewusste Sprachaneignung, bei der Sprache zum Gegenstand des Denkens und des systematischen Übens gemacht wird. Dabei hat alle sprachliche Arbeit für die Kinder erfahrbaren Sinn durch die Forscherarbeit, durch kleine Projekte wie Steckbriefe, Wiesenbuch. Damit ist dieses didaktische Vorgehen ein Gegenmodell zum auch verbreiteten Ausfüllen von Arbeitsblättern ohne Zusammenhang zu konkretem eigenen Tun.

Kopiervorlage

Recherche und Überlegungen zur Sprachförderung

Kinder mit Zuwanderergeschichte und Sprachförderung

- Sind an Ihrer Schule/in Ihrer Klasse Kinder mit Zuwanderergeschichte?
- Welche Sprachen sprechen die Kinder zu Hause, untereinander (Familiensprache)?
- Gibt es für diese Kinder Angebote an Herkunftssprachenunterricht und machen die Kinder Gebrauch davon?
- Versuchen Sie, im Herkunftssprachenunterricht zu hospitieren und befragen Sie die Lehrkraft (Sprachstand der Kinder, Ziele, Inhalte, Methoden des Unterrichts, Kooperation mit dem Regelunterricht).
- Wie schätzen Sie den Sprachstand Deutsch der Kinder mit Zuwanderergeschichte ein? Ist er alltagssprachlich begrenzt oder hat er schon Anteile von Bildungssprache?

Zur Förderung der Bildungssprache

- Nutzen Sie für Ihren Unterricht die Hinweise der einschlägigen Literatur, z. B. zur Minimalgrammatik und zur Planung (Engin u. a. 2004), zur Feststellung des Sprachstandes (Hoffmann u. a. 2011).
- Was ist beim aktuellen Thema wichtiger Fachwortschatz? Wie können Sie ihn sichern?
- Welche sprachstrukturellen Schwierigkeiten bietet das Thema/der Text? Wie können Sie üben, damit Kinder sie bewältigen?
- Welche Erfahrungen und Materialien liegen an der Schule dazu vor? Was können Sie davon übernehmen?
- Wo können Sie an Ihrem Ort Anregungen und Hilfestellung besorgen, z. B. bei einer RAA, bei Fortbildungsangeboten, bei einer Arbeitsgemeinschaft?

9 „Schwierige“ Kinder – „schwierige“ Klassen

Heide Luckfiel

Für einen jungen Lehrer sind die ersten eigenen Unterrichtsstunden häufig ein Abenteuer, voller Überraschungen und neuer Erkenntnisse. Dies trifft bereits auf den sogenannten geordneten Unterricht zu, einen Unterricht, der in etwa der Planung entspricht und erfolgreich verläuft. Um wie vieles mehr ist Unterricht aufregend, anstrengend und manchmal entmutigend, wenn sich das geplante Vorgehen kaum umsetzen lässt, weil sich die Klasse als „schwierig“ erweist. Was kann eine Klasse „schwierig“ machen? Als Gründe werden oft genannt:

- große Klassen, in denen Schüler ihren „Platz“ noch nicht gefunden haben,
- eine problematische Zusammensetzung der Klasse, sodass sich soziale Spannungsfelder ergeben,
- Disziplinkonflikte mit einzelnen Kindern oder mit Gruppen,
- starke Unkonzentriertheit und motorische Unruhe,
- Verständigungsschwierigkeiten,
- große Entwicklungs- und Leistungsunterschiede zwischen den Schülern einer Klasse,
- fehlendes Interesse an den Unterrichtsinhalten und geringe Lernmotivation,
- hohe Anspruchshaltung bei Schülern und Eltern (egozentrische Einstellung, sofortige Befriedigung aller Vorstellungen und Wünsche, geringe Sozialkompetenzen),
- wenig Übung im Beachten von Regeln und mangelnde Einsicht in deren Notwendigkeit.

9.1 Schüler- und Lehrerverhalten

Gewiss haben die fachwissenschaftlichen, die didaktischen und methodischen Entscheidungen maßgeblichen Einfluss darauf, ob der Unterricht zum geplanten Ziel führt oder nicht. In diesem Beitrag soll jedoch dem Verhalten von Lehrern und Schülern das besondere Augenmerk gelten. Schließlich sind es doch die „Verhaltensschwierigkeiten“, die von beiden Seiten, von den Lehrenden und den Lernenden, kritisch angemerkt werden.

Lehrer führen Klage, Kinder könnten nicht mehr lernen oder wollten es auch gar nicht. Schüler finden Lernen uncool und wer will schon als Streber gelten? Selbst jüngere Schüler sagen immer häufiger: „Von dem oder der lasse ich mir doch nichts sagen!“ und geben für diese Geringschätzung und Respektlosigkeit neben allgemeiner Verunsicherung und Perspektivlosigkeit u. a. folgende Gründe an:

- die Unterrichtsinhalte wecken kein Interesse,
- man findet findet keinerlei Zugang zu den Themen,
- Lehrer können nicht gut erklären,
- Lehrer können sich nicht durchsetzen, nicht für Ordnung sorgen,
- Lehrer behandeln Schüler unterschiedlich und ungerecht,
- Regeln und Konsequenzen werden auch von Lehrern selbst nicht immer beachtet.

Der Gedanke: „Wenn in der Schule manches anders wäre, wären die Kinder weniger auffällig“ hat sicher seine Berechtigung. Er verweist aber auf nur einen Aspekt des Problembündels „schwierige“ Klassen, denn er vernachlässigt den Blick auf das Kind mit seinen individuellen Anteilen an der Problematik und auf den Teil, der durch die Lehrer selbst verursacht wird. Meist liegen individuellen Entwicklungsproblemen zwei nicht hinreichend erfüllte Grundbedürfnisse zugrunde: Die Erfahrung der Zugehörigkeit zu einer Gruppe und die Erfahrung und die Zuversicht auf persönliches Wachstum und erfolgreiches Lernen. Da beide Bedürfnisse nicht gleichzeitig zu gleichen Teilen befriedigt werden können, kommt es darauf an, immer wieder aus eigener Kraft eine Balance herzustellen.

Lehrer können dazu beitragen, dass beide Grundbedürfnisse berücksichtigt werden, indem die Kinder erfahren: Ich werde gesehen (durch persönliche Begrüßung oder Ansprache) und ich kann bei den Vorhaben in der Klasse etwas zum Gelingen beitragen. Sie erleben und werden darin bestätigt: Ich habe (m)eine Sache gut gemacht (auch wenn ich die Bruchrechnung immer noch nicht perfekt beherrsche).

9.2 Organisation und Struktur des Unterrichts

Die Gestaltung der Lernumwelt in der Schule und die Strukturierung des Unterrichts bewirken, dass Kinder, aber auch ganzen Klassen, durch eine äußere, sichtbare und erlebbare Struktur zu einer „inneren“ Struktur gelangen. Kinder können sich anhand einer äußeren Ordnung und mithilfe von Regeln innerlich strukturieren. Sie finden ihre innere Ordnung und können sich daran orientieren. Sie fühlen sich sicherer und ruhiger. Besonders Kinder mit Verhaltensauffälligkeiten erleben für sie undurchschaubare und unübersichtliche Situationen und Anforderungen als Verunsicherung oder gar als Bedrohung. Sie reagieren dann – aus Sicht des Lehrers – unüberlegt und hektisch, wenn dieser den Fokus seiner Aufmerksamkeit hauptsächlich auf den Unterricht lenkt.

Bereits Jüngere reagieren auch auf Uneindeutigkeiten sehr heftig: Freie Arbeit wird eingeführt. Der Lehrer möchte vermitteln, dass die Schüler eine Arbeit ihrer Wahl beginnen können. Bei den Kindern kommt an: Wir können machen, was wir wollen. Ein Schüler wählt eine sportliche Betätigung und klettert auf den Tisch. Als ihm das untersagt wird, beschwert er sich: „Du lügst! Du hast gesagt, wir können machen, was wir wollen." Er ist nur mit Mühe von seinem Vorhaben abzubringen.

„Auffälligen" Schülern hilft es beispielsweise schon, wenn sie

- das Ziel kennen und wissen, welche Schritte dorthin getan werden könnten,
- den Arbeitsablauf kennen oder planen können,
- die benötigten Materialien zur Hand haben,
- wissen, welchen Platz die Dinge in der Klasse haben,
- wissen, in welcher Abfolge der Tag verläuft.

Übersicht über den Tagesablauf

Übersicht, Planbarkeit und Zuverlässigkeit vermitteln Sicherheit und Ruhe.

Kinder können ruhiger und mit mehr Sicherheit lernen, wenn sie gleich zu Beginn des Unterrichts wissen, was der Lehrer an diesem Tag oder in dieser Unterrichtsstunde von ihnen erwartet und was sie lernen werden. Dazu kann z. B. ein Tagesplan oder ein informativer Unterrichtseinstieg dienen, der auch visualisiert werden sollte und mit den Kindern besprochen wird. Auch empfiehlt es sich, Änderungen im gewohnten Ablauf (z. B. im Falle von Vertretungsunterricht) anzusprechen. Übersicht, Planbarkeit und Zuverlässigkeit vermitteln Sicherheit und Ruhe: Man wird nicht überrascht, die Geschehnisse sind vorhersehbar. Für „schwierige" Schüler bedeutet das Sicherheit.

Wiederkehrende Rhythmen in Unterricht und Schulleben

Sicherheit, Vertrautheit und Zugehörigkeit, zunehmend auch Verantwortlichkeit – all das lässt sich durch wiederkehrende Abläufe in der Schule vermitteln. Gleichmäßige tägliche und wöchentliche Routineabläufe tragen zur Berechenbarkeit der Situation bei. Insbesondere jüngere Schüler und solche, die noch keine ausreichende innere Ordnung entwickelt haben, sind auf verlässliche äußere Strukturen angewiesen. Gibt es im Routineablauf

Abweichungen, fordern die Kinder in aller Regel die gewohnte Reihenfolge selbst nachdrücklich ein. Sie wollen das Bekannte wieder erkennen, dann empfinden sie Sicherheit, keineswegs Langeweile.

Ein Beispiel für die Rhythmisierung eines Vormittags
Begrüßung, Tagesplanbesprechung, Erzählphase, Arbeitsphase Sprache, Bewegung und Spiel (gut geplant und strukturiert), Arbeitsphase Mathematik, kreative Phase Musik, Frühstück.

Gestaltung und Strukturierung des Klassenraumes

Die Entwicklung der inneren Ordnung der Kinder kann durch die Gestaltung und Strukturierung des Klassenraums unterstützt werden. Durch eine klare und eindeutige Gestaltung gewinnen die Kinder Übersicht. Diese hilft ihnen, sich selbst und ihre Arbeit gut zu organisieren. Die Einrichtung und die Anordnung der Arbeitsmaterialien sollen eine „gute Gestalt" bilden. Oftmals sind die Wände übersät mit einem Durcheinander von Arbeitshilfen, die zur Zeit gar nicht benötigt werden, oder von Bildern vergangener Unterrichtseinheiten und längst abgeschlossener Projekte, die bei jedem Lufthauch von der Wand zu fallen drohen, von Pinnwänden, Postern u. Ä. Schülerarbeiten sollen gewürdigt werden. Sie können beispielsweise einen Platz auf dem Flur finden. Insbesondere die Wand über und neben der Tafel sollte frei bleiben, damit sich die Schüler auf das Tafelbild konzentrieren können. Mobilés, die in der Blickrichtung hängen und sich zudem noch bewegen, beeinträchtigen zusätzlich die Aufmerksamkeit.

Gerade Kinder, die ihre Aufmerksamkeit noch nicht gut lenken können, haben unter diesen Umständen kaum eine Chance, sich auf die wichtigen Informationen zu konzentrieren. Deshalb sollte alles, was nicht zum Unterrichtsthema benötigt wird, seinen Platz außerhalb der Blickrichtung des Kindes haben. So müssen Materialien zur Freien Arbeit einerseits zugänglich, andererseits aber auch wohl geordnet untergebracht sein. Die Plätze für die Materialien sollten jedem bekannt und deutlich gekennzeichnet sein (z. B. durch Symbole, so dass die Kinder eine vorgegebene Ordnung selbst einhalten können). Unruhige und „unordentliche" Kinder sind auf klare, eindeutige, wiederkehrende (und damit zuverlässige) Strukturen angewiesen. Sie behalten so die Übersicht.

Der Blick auf die Tafel muss frei von Ablenkungen bleiben.

Die Zuordnung von Raumbereichen zu bestimmten Unterrichtsaktivitäten oder Phasen kann der Entwicklung innerer Ordnung dienen. Sie hilft Kindern, sich ihrer eigenen Tätigkeiten bewusst zu sein und z. B. zu lernen, eine Aktivität zunächst abzuschließen, bevor eine andere beginnt. Gibt es eine Imbissecke, gehen die Kinder dorthin, um gemeinsam zu essen. Gibt es eine derartige Möglichkeit nicht, können die Tische durch eine Unterlage in Imbisstische verwandelt werden. So werden die Kinder ohne Anweisungen daran erinnert, dass eine neue Phase mit bestimmten Regeln beginnt.

Die Förderung der sozialen Entwicklung des Kindes im Klassenverband

Es gibt Konzepte, mit denen sich der sozial-emotionale Entwicklungsstand eines Kindes einschätzen und auch individuell entwickeln lässt (vgl. Bergsson/Luckfiel 1998). Wenn es darum geht, „schwierigen" Klassen zu einer angemessenen Ordnung zu verhelfen, gelten einige Grundannahmen und Regeln gleichermaßen für Klassen wie für den einzelnen Schüler.

Ein effektives Classroom-Management kann die Lernbereitschaft, den Leistungsfortschritt und das Leistungsniveau der Klasse deutlich beeinflussen. Es kann auch dazu beitragen, dass sich die sozial-emotionalen Kompetenzen in der Klasse entwickeln. Wenn Regeln bekannt sind und die ebenfalls bekannten Konsequenzen zuverlässig eingehalten werden, entfallen die zeitraubenden und nervenaufreibenden Diskussionen über „erlaubt/nicht erlaubt" und über die „Gerechtigkeit" der Maßnahmen, die auf bestimmte Verhaltensweisen folgen.

Regeln für Regeln

Allgemein neigen wir dazu, alles zu sehen und anzusprechen, was nicht in Ordnung ist. Wir kritisieren fast regelhaft, obwohl wir aus eigener Erfahrung wissen, dass positive Rückmeldungen, Anerkennung und Zuwendung uns guttun, uns auch zu besseren Leistungen anspornen. Dennoch beinhalten Anweisungen und Regeln fast immer Verbote (und sei es nachträglich z. B. mit einem Zusatz „... aber mach dich nicht schmutzig!"). Dies gilt für einzelne Kinder ebenso wie für Klassenregeln („Wir melden uns, ohne in die Klasse zu rufen."). Regeln, die Wörter wie „nicht", „kein" und „ohne" vermeiden, verhelfen jedem einzelnen Schüler und auch der ganzen Klasse leichter zum gewünschten Verhalten.

- Eine Regel enthält ein Gebot, kein Verbot.
- Sie ist einfach, konkret und beschreibt das erwartete Verhalten genau.
- Das erwartete Verhalten soll beobachtbar sein.
- Eine Regel ist kurz (ein Hauptsatz).
- Sie enthält kein „versuchen", „sollen", „können".
- Eine Regel beginnt mit „Ich" oder „Wir".
- Regeln gelten sowohl für Schüler als auch für Lehrer.

Wenige, eindeutige Regeln und die dazugehörenden abgesprochenen Konsequenzen geben Sicherheit, machen die Welt planbar, vorhersehbar und „gerecht". Weder Schüler noch Lehrer müssen sich immer wieder von neuem mit der Durchsetzung oder dem Widerstand gegen die Regeln befassen, wenn diese durch Automatisierung, Integration und zunehmende Eigensteuerung zum Verhaltensrepertoire, zum „Eigentum" der Klasse, geworden sind. „Das machen wir hier so!" vermittelt ein Gefühl der Zugehörigkeit und damit Sicherheit und Schutz. Die Aufmerksamkeit kann ganz auf das Lernen und Unterrichten konzentriert werden.

Sicherheit vermittelt auch, wenn die Kinder wissen, was der Lehrer von ihnen in einer bestimmten Phase oder bei einer bestimmten Arbeit erwartet. Kinder sind keine Hellseher! Also muss der Lehrer klar und verständlich seine Erwartungen aussprechen (z. B.: „Bei dieser Arbeit ist es wichtig, dass ihr ..." oder: „Jetzt kommt es darauf an, dass ...").

Auswahl von Regeln

Welche Regeln sind so wichtig und bedeutsam für die Erziehungsarbeit und den geregelten Schulalltag, dass sie für alle – die Lehrer eingeschlossen – und zu jeder Zeit gelten? Wie eindeutig und nachdrücklich werden diese Regeln zur Kenntnis gebracht und eingeübt? Welche Konsequenzen sind sinnvoll und verständlich? Welche Konsequenzen lassen sich überhaupt durchhalten? Wie wird aus einer „schwierigen" Klasse eine Klasse, die sich führen lässt und die gut lernt?

Zunächst muss der Lehrer für sich selbst begründen, welche Regel die Klasse unbedingt befolgen soll. Er muss prüfen, ob er sich selbst zu jeder Zeit an die Regel halten will und kann. Er überlegt sich gegebenenfalls Teilziele, damit die Kinder den Weg zum gewünschten Verhalten finden und einüben können. Er beschreibt den Kindern genau, was sie tun sollen. Er spricht seine Erwartungen deutlich aus. Er überlegt sich vorher, wie er sowohl bei Erfolg als auch bei Misserfolg reagieren will. Er teilt das angestrebte Ziel in Teilziele mit „Erfolgsgarantie" ein. Er übt die (erreichbaren) Teilziele oder auch die vereinbarte Regel insgesamt mit der Klasse (oder mit einzelnen Kindern) und bestätigt sofort den Erfolg. Er überlegt sich Konsequenzen, wenn die Regeln nicht befolgt werden. Die Umsetzung geplanter Konsequenzen muss ohne die Hilfe von Kollegen möglich sein.

Konsequente Regeln verwandeln die „schwierige" Klasse in eine gute Lerngruppe.

Als ein Beispiel soll der Weg vom Klassenraum auf den Pausenhof dienen: Vielen Klassen gelingt es nicht, sich im Schulhaus so zu bewegen, dass Konflikte und Unfälle vermieden werden. Der Lehrer könnte dann den Weg in Teilstrecken aufteilen, die jeweils erfolgreich bewältigt werden können.

Wenn die Klasse eine Regel über einige Zeit ohne Hilfe des Lehrers befolgen kann, ist es möglich, ein weiteres störendes Problem mithilfe von Regeln zu lösen. Schritt für Schritt kann so der Wandel von einer „schwierigen" Klasse zu einer gut organisierten Lerngruppe erfolgen.

Verhalten von Lehrern

Welche Anforderungen sind zu stellen, damit die Schwierigkeiten in einer Klasse verringert werden können?

- Persönliches Interesse an den Kindern, auch wenn sie schwierig sind,
- Zuverlässigkeit und Konsequenz, z. B. beim Einhalten von Absprachen und Regeln,
- Eindeutigkeit, damit die Schüler wissen, was von ihnen erwartet wird,
- Echtheit, damit die Schüler wissen, mit wem sie es zu tun haben,
- Deutungsstrategien anwenden, die unerwünschtes Schülerverhalten eher mit ungelösten Problemen des Schülers in Verbindung bringen und nicht unbedingt als persönlichen Angriff gegen die Lehrer interpretieren.

Bei gekonnter Planung und Durchführung des Unterrichts finden Kinder einen guten Zugang zum Lernen u. a. durch:

- fachlich gut vorbereitete und verständlich dargebotene Unterrichtsinhalte,
- Angebote für die Klasse und in der Differenzierung für einzelne Schüler, die bei ihren Stärken und ihrem Wissen anknüpfen,
- ebensolche Angebote für die Bereiche Verhalten und Fachwissen,
- positiv formulierte Aufträge, die konkretes Verhalten und Handeln ermöglichen,
- transparente Zielvorstellungen,
- individuelle Unterstützung auf den individuellen Wegen zum Ziel,
- Unterrichtsgestaltung, die für Schüler überschaubar, nachvollziehbar und damit planbar ist. Sie soll einen festen Orientierungsrahmen bieten und gleichzeitig Raum für Eigengestaltung durch die Schüler lassen.

Kopiervorlage

Training im Umgang mit verhaltensauffälligen Kindern

1. Beobachten Sie in den Klassen:

- Welche Faktoren sind für ein geregeltes Verhalten der Kinder eher ungünstig, welche Faktoren sind eher günstig?
- Notieren Sie einige Hinweise und Vorschläge für ein konsequenteres und geregelteres Lehrerhandeln. Es wäre wünschenswert, wenn Sie Ihre Überlegungen mit der Lehrkraft diskutieren könnten.

2. Bitten Sie jemanden, Ihren Unterricht zu beobachten:

- Wo gibt es Schwierigkeiten im Verhalten von Kindern, wie äußern sie sich, wie reagieren Sie als Lehrkraft darauf?
- Überprüfen Sie dann gemeinsam anhand der oben genannten Ratschläge und Hinweise, was Sie an günstigen Faktoren für ein geregeltes Lehrerhandeln bereits beachten und was Sie weniger beachten. Notieren Sie auf einzelnen Karten Merkpunkte, die Sie im Tagesablauf, in der Klassenraumgestaltung, in den Regeln, in Ihrem Verhalten ändern wollen. Geben Sie sich von Zeit zu Zeit Rechenschaft über Ihre Entwicklung und den Erfolg.

3. Bilden Sie sich weiter:

- Gibt es an Ihrem Seminar ein Trainingsangebot zum Umgang mit verhaltensauffälligen Kindern? Wenn nicht, versuchen Sie, ein solches Angebot anzuregen.

10 Kinder mit sonderpädagogischem Förderbedarf

Gabriele Mauermann

Mit einem fast 50 Artikel umfassenden Katalog wurde die UN-Konvention über die Rechte von Menschen mit Behinderungen (UN-BRK) durch die Bundesrepublik Deutschland im Jahre 2009 ratifiziert und hat somit einen (bundes-)gesetzlichen Charakter. Selten ist ein so umfassender, intensiver und aktiv durch die Öffentlichkeit verfolgter Diskussionsprozess über Rechte von Menschen mit Behinderungen aufgekommen. Im Zentrum dieser Diskussion stehen die Auswirkungen für das schulische Angebot in Deutschland.

WWW *Mehr Informationen finden Sie unter www.behindertenbeauftragter.de*

Grundlage dieser Diskussion ist Artikel 24 der UN-BRK. Er beschreibt die Teilhabe an einen „inclusive education system at all levels" – also die Teilhabe an inklusiven schulischen Lernangeboten in allen Schulstufen für Menschen mit Behinderungen. Schon im Rahmen der Übersetzung der Konvention entflammten Grundsatzdispute über die Verwendung der Begriffe „Integration" und „Inklusion" – dies alles kann ausführlich in der aktuellen Literatur nachgelesen werden.

Dass diese Diskussion besonders in Deutschland so intensiv und engagiert geführt wird, hängt auch mit der Ausgangslage und der grundsätzlichen Organisationsform unseres Schulsystems zusammen, welches ja traditionell gegliedert ist und auf Homogenität der Lerngruppen und somit entsprechend erforderlicher Selektion ausgerichtet ist. Die schulpolitischen Entwicklungen sind jedoch seit Mitte des letzten Jahrhundert nicht stehengeblieben, sodass das Klischee einer rein selektiven Schullandschaft nicht sachangemessen ist – schließlich gibt es schon seit vielen Jahrzehnten Schulformen, deren Ausgangslage heterogene Lerngruppen sind und die eine Pluralität an Bildungsgängen anbieten. Das sind beispielsweise die klassischen Gesamtschulenformen oder Gemeinschaftsschulen (die Länder verwenden jeweils unterschiedliche Bezeichnungen).

Nichtsdestotrotz bezieht ein landläufiges Verständnis von Heterogenität von Lerngruppen nicht immer Kinder und Jugendliche mit ein, die Behinderungen haben. Auch das entspricht der traditionellen Kultur des deutschen Schulsystems. In seiner Ausgestaltung hat sich im Lauf der letzten 100 Jahre ein hoch differenziertes, in sich nach Behinderungsarten – oder in der schulgesetzlichen Sprache nach „sonderpädagogischen Förderschwerpunkten“ – gegliedertes System an Sonderschulen bzw. Förderschulen entwickelt, das dem Auftrag der Bildung und Erziehung von Kindern und Jugendlichen mit Behinderungen umfassend nachkommt.

Der Auftrag der UN-Behindertenrechtskonvention, für den Bereich Bildung und Schule ein inklusives Schulsystem zu entwickeln, trifft die Bundesrepublik nicht überraschend. Schon spätestens seit der Erklärung von Salamanca (1994) wurde eine politische Grundsatzausrichtung zur Förderung von Kindern mit besonderen pädagogischen Bedürfnissen neu definiert. Das Leitziel ist eine „Bildung für alle“ im Sinne einer integrativen Pädagogik. Dieser Prozess wurde von der Kultusministerkonferenz (KMK) und den Ländern aufgenommen und führte zu einer Vielfalt von Lernorten, an denen Kinder und Jugendliche mit sonderpädagogischem Förderbedarf unterrichtet werden. Der gemeinsame Unterricht – als bundesweiter Bündelungsbegriff für die unterschiedlichen Organisationsformen des gemeinsamen Unterrichts von Kindern mit und ohne Behinderung bzw. sonderpädagogischen Förderbedarf –, hat sich parallel zum System Förderschule entwickelt, abhängig von den schulgesetzlichen Vorgaben eines Landes in unterschiedlicher Schnelligkeit, Dichte und Ausmaß.

Aktuell sind die Länder dabei, den bundesgesetzlichen Auftrag im Rahmen ihrer Landeshoheit für den Bereich Schule umzusetzen. Für den schulischen Bereich ist der Auftrag klar: Die „Heimat“, der Ort eines inklusiven Schulsystems sind die allgemeinen Schulen. Sonderpädagoigsche Förderung ist – wie ja schon deutlich mit den Empfehlungen der Kultusministerkonferenz aus dem Jahre 1994 beschrieben – subsidiär. Der Prozess der Einlösung dieses Auftrags bewirkt eine intensive Auseinandersetzung innerhalb aller Schulformen, die durch Lehrerfortbildung stark gestützt werden muss. Eine inklusive Schule wird ein anderes Selbstverständnis, eine andere professionelle Ausstattung, aber auch ein anderes „Gesicht“ haben, als eine Schule, die sich diesem Auftrag nicht stellt.

Zu der Frage, um welche Personengruppe es eigentlich geht, gilt es auf der einen Seite darauf zu achten, dass die Behindertenrechtskonvention einen offenen Behinderungsbegriff zugrunde legt, der nicht nur auf den „klassischen Beeinträchtigungs- und Behinderungsformen“ basiert, sondern eine sozial-dynamische Komponente einbezieht, die sich unter dem Motto „Barrieren – in der Umwelt und in den Köpfen“ (gemeint sind Einstellungen und Haltungen) etwas holzschnittartig zusammenfassen lässt.

Zu den Menschen mit Behinderungen im Sinne der UN-Behindertenrechtskonvention zählen Menschen, die langfristige, seelische, geistige oder

Sinnesbeeinträchtigungen haben, welche sie in Wechselwirkungen mit verschiedenen Barrieren an der vollen, wirksamen und gleichberechtigten Teilhabe in der Gesellschaft hindern können (Art. 1 Abs. 2 UN-BRK).

10.1 Unterschiedliche Formen von Behinderung

Manche Kinder lenken das Interesse der Lehrkräfte durch besondere Aktivitäten oder Auffälligkeiten auf sich – durch Zerstören von Arbeitsmaterialien, durch starke verbale und körperliche Aggressionen, durch Nicht-Reagieren trotz konkreter Aufforderung, durch sprachlich kaum verständliche Äußerungen, wie z. B. stammelnde Buchstabenvertauschungen. Andere scheinen fast gar nicht im Klassenbild vorzukommen, sie sind kaum wahrnehmbar, ziehen sich still zurück oder verbringen träumerisch an ihrem Platz den Unterrichtsvormittag. Andere irritieren den Lehrer dadurch, dass sie – trotz intensiven Übens und Wiederholens – immer wieder Lernversagen zeigen.

Behinderungen, die eine sonderpädagogische Förderung notwendig erscheinen lassen, sind oft nicht offensichtlich; man erkennt sie nicht direkt und es bedarf einer differenzierten Begutachtung, um Aussagen über ihre Art, ihren Umfang und den daraus folgenden Konsequenzen für die persönliche Lebensentwicklung und das schulische Lernen zu treffen. Durch das Tragen eines Hörgerätes ist zwar nach außen offensichtlich, dass bei einem Kind eine Hörschädigung vorliegt; die komplexen Auswirkungen auf die Persönlichkeitsentwicklung (z. B. Möglichkeiten zur sozialen Kontaktaufnahme, Orientierung in der Umwelt) und seine schulische Lernbiografie (beeinträchtigte Sprachentwicklung und Auswirkungen auf den Erwerb der Kulturtechniken usw.) sind dadurch aber noch nicht systematisch erfasst.

Die Kultusministerkonferenz gibt den Rahmen für Behinderungsformen mit Förderbedarf vor.

Als Orientierungsrahmen zur Beschreibung von Behinderungsformen, die sonderpädagogischen Förderbedarf notwendig erscheinen lassen, gelten allgemein die sonderpädagogischen Förderschwerpunkte, wie sie die Kultusministerkonferenz formuliert hat. Die Begrifflichkeiten sind in den Bundesländern nicht einheitlich. Die Behinderungsformen sind weniger eindeutig, als die verwendeten Beschreibungen es nahelegen. Da die Erscheinungsbilder unterschiedlich sind, gibt die allgemeine Beschreibung der möglichen Förderschwerpunkte eine Zuordnungshilfe.

Kinder mit einer Sehschädigung

Kinder und Jugendliche mit einer Sehschädigung können ihre Umwelt über das Auge nur eingeschränkt wahrnehmen. Aufgrund ihrer Orientierungsprobleme sind sie in ihrer Bewegungsfreiheit und Mobilität eingeschränkt.

In unbekannten Räumen können sie sich zunächst nur mit Hilfe orientieren, alltägliche Situationen können für diese Kinder schnell gefährlich sein, da ihnen visuelle Orientierung und Kontrollen fehlen. Im Rahmen augenärztlicher Behandlung können optische Hilfsmittel zur Verfügung gestellt werden, die die vorhandene Sehfähigkeit optimieren. Zum Ausgleich ihrer beeinträchtigten visuellen Wahrnehmung entwickeln diese Kinder meist ein sehr feines Gehör.

Basale Lernerfahrungen wie Begreifen und Tasten sind für sie wichtige Möglichkeiten zur Informationsgewinnung. Durch den Einsatz spezieller computergestützter Arbeitshilfen, die z. B. gedruckte Texte in Blindenschrift ausgeben, ist mittlerweile die schriftsprachliche Kommunikation zwischen sehgeschädigten Kindern und Lehrkräften erheblich erleichtert worden.

Kinder mit einer Hörschädigung

Kinder und Jugendliche mit einer Hörschädigung nehmen die akustischen Signale ihrer Lebenswelt nicht oder nur in begrenztem Umfang wahr, d. h. sie können sprachliche Äußerungen und Geräusche nicht oder nur teilweise identifizieren und ihnen nur eingeschränkt Informationen entnehmen. Abhängig von der Art und der Schwere hat die Behinderung umfassende Auswirkungen auf den Spracherwerb und kann die gesamte Persönlichkeitsentwicklung beeinflussen. Um in soziale Beziehungen eingebunden zu werden, benötigen diese Kinder intensive Hilfen zur Kommunikation und Interaktion, die durch einen mit optischen Hilfestellungen unterstützten Sprachaufbau – unter Nutzung von hochtechnisierten Hilfsmitteln – geschieht. Schwerpunkte der sonderpädagogischen Förderung sind neben Maßnahmen zum Aufbau von Kommunikationsmöglichkeiten durch Laut- oder Gebärdensprache spezielle Übungen wie Hörtraining, Schulung der anderen Wahrnehmungskanäle, gebärdenunterstützter Sprachaufbau. Aber auch die Einübung, Deutung und Pflege sozialer Beziehungen muss hier systematisch aufgebaut werden.

Kinder mit Lern- und Entwicklungsstörungen

Kinder mit Lern- und Entwicklungsstörungen haben einen Förderbedarf im Bereich des Lernens, der Sprache oder des Verhaltens; die Gruppe dieser Kinder bildet die größte unter denen, die sonderpädagogisch gefördert werden. Kinder, deren sonderpädagogischer Förderbedarf im Bereich Lernen liegt, zeigen erhebliche Schwierigkeiten im schulischen Lern- und Leistungsverhalten. Häufig haben sie – u. a. bedingt durch permanente Misserfolge – kaum Zutrauen zu sich und können ihre Leistungsfähigkeit kaum realistisch einschätzen, ihr Selbstwertgefühl und ihre Selbsteinschätzung müssen intensiv stabilisiert werden. Ihre sonderpädagogische Förderung umfasst neben persönlichkeitsstabilisierenden Maßnahmen die Bereiche Wahrnehmung, Aufmerksamkeit und Ausdauer, Konzentration und Ausdrucksfähigkeit. Häufig sind Kinder nicht in der Lage, ihre kognitiven Fähigkeiten umfassend auszuschöpfen, so dass sie gezielte didaktisch-methodische Hilfestellungen benötigen, um erfolgreich zu lernen und eine stabile schulische Arbeitshaltung aufzubauen.

Sonderpädagogischer Förderbedarf im Bereich Sprache wird bei Kindern beschrieben, wenn sie in ihrer Kommunikationsfähigkeit erheblich beeinträchtigt sind. Die verbale Kommunikation – also der sprachliche Kontakt – fällt ihnen schwer, sie haben häufig Auffälligkeiten in der Artikulation und der Verwendung von Sprache sowie in der Beherrschung der strukturellen Seite von Sprache, aber auch im Ausdruck ihrer Gefühle, Wünsche und Gedanken. Informationsentnahme fällt ihnen oft ebenso schwer wie die sprachliche Ausgestaltung. Die Beeinträchtigung im Bereich Kommunikation hat in aller Regel auch umfassende Auswirkungen auf die personale und soziale Entwicklung, das schulische Lernen und das individuelle Erleben.

Das Spektrum an Verhaltensweisen, mit denen Kinder und Jugendliche beschrieben werden, die im Sinne der Erziehungshilfe sonderpädagogischen Förderbedarf haben, umfasst sowohl Verhaltensweisen, die stark regressiv ausgerichtet sind, als auch hochemotionalisierte, ungesteuerte, oft sehr aggressive Verhaltensweisen. Diese Kinder fallen durch situationsunangemessene Verhaltensweisen und Reaktionen auf, denen ihre Umwelt meist mit Ablehnung und Ausgrenzung begegnet. Hintergrund dieser Verhaltensweisen ist meist ein Bündel an Schwierigkeiten innerhalb ihrer Lebenswelt und der eigenen Wahrnehmung sozialer Beziehungen, so dass sie durch familiäre oder soziale Probleme überfordert sind.

Der Aufbau eines positiven, realistischen Selbstwertgefühls sowie das Erarbeiten erwünschter Verhaltensmuster in sozialen Situationen sind hier der Schwerpunkt der sonderpädagogischen Förderung. Die schulische Förderung legt hier den Schwerpunkt auf die Sensibilisierung für soziale Situationen und trainiert den Aufbau von sozial erwünschten und angemessenen Verhaltensweisen.

Kinder mit einer geistigen Behinderung

Der sonderpädagogische Förderbedarf für Kinder und Jugendliche mit geistiger Behinderung zeigt sich in verschiedenen Entwicklungsbereichen:

Diese Kinder benötigen besondere Hilfen bei der Entwicklung von Wahrnehmung, Sprache, Denken und Handeln sowie Unterstützung zur selbstständigen Lebensführung und bei der Entwicklung und Entfaltung der Persönlichkeit, da sie aufgrund ihrer begrenzten kognitiven Fähigkeiten nur eingeschränkt in der Lage sind, ihre Lebensvollzüge selbstständig zu gestalten. Bei ihnen wird deutlich, dass selbstständige Aufgabengliederung, individuelle Merkfähigkeit, das Lerntempo und die Ausdauer im Lernprozess intensiv gefördert werden müssen, um ihnen Aneignungsprozesse zu ermöglichen.

Neben Strukturierungshilfen zur Bewältigung lebenspraktischer Aufgabenstellungen brauchen diese Kinder und Jugendlichen sonderpädagogische Unterstützung zum Aufbau von Selbstbehauptung und Selbstkontrolle, Selbsteinschätzung und zum Zutrauen in die eigenen Fähigkeiten. Das Spektrum an Fähigkeiten ist breit und umfasst hier sowohl Kinder, die intensive und umfassende Entwicklungsverzögerungen aufweisen als auch Kinder, die so umfassend beeinträchtigt sind, dass sie als schwerstbehindert gelten und in allen Lebens- und Lernbereichen umfassende Hilfestellungen benötigen.

Kinder mit körperlicher Behinderung

Neben den offensichtlichen körperlichen und motorischen Beeinträchtigungen wirkt sich der sonderpädagogische Förderbedarf von Kindern und Jugendlichen mit körperlichen Behinderungen häufig unmittelbar auf viele weitere Entwicklungsbereiche aus. So sind meist unterschiedliche Bereiche des Körpergefühls und der Körperkontrolle betroffen, was den Aufbau und die Steuerung von Bewegungsabläufen und – im basalen Sinne das Begreifen von Welt – erschwert. Neben den Erschwernissen, die köperbehinderte Menschen durch die Bewältigung von Alltagsverrichtungen überwinden müssen, ist die Persönlichkeitsentwicklung dieser Kinder und Jugendlichen durch die Selbstwahrnehmung als körperbehinderte Person häufig stark beeinträchtigt.

Trotz intensiver körperlicher Behinderungen sind kognitive Beeinträchtigungen nicht zwingend. Manche dieser Schüler können nach den Richtlinien und Lehrplänen der allgemeinen Schulen unterrichtet werden. Bei Leistungsüberprüfungen und Abschlussprüfungen kann die Schule im Einzelfall nachteilsausgleichende Hilfen gewähren, z. B. eine längere Bearbeitungszeit, Benutzung eines Computers mit der erforderlichen Software.

Kinder mit lang andauernder oder chronischer Erkrankung

Bei beeinträchtigten Kindern und Jugendlichen sind Auswirkungen auf die Schullaufbahn nicht auszuschließen sind. Deshalb haben langfristig kranke Kinder einen Rechtsanspruch auf Hausunterricht oder Unterricht in der Schule für Kranke. Voraussetzung ist hier in der Regel ein mindestens vierwöchiger Krankenhausaufenthalt in Krankenhäusern, Universitätskliniken, Kinder- und Jugendpsychiatrien und Rehabilitations- und Kurkliniken, der meist von Lehrern der allgemeinen Schule begleitet wird. Hier werden Kinder und Jugendliche aller Schulformen vom Schulanfang bis ggf. zum Abitur unterrichtet. Durch enge Kooperation mit ihrer Herkunftsschule wird versucht, diesen Schülern den Anschluss an den Leistungsstand der jeweiligen Klassen zu ermöglichen.

Trotz intensiver Erkrankung soll das Kind durch Lernfreude und Lernerfolg Perspektiven erhalten, die es bei seiner Rückkehr an die Herkunftsschule ausgestalten kann, um trotz Krankheit mit Erfolg zu lernen, Zeugnisse zu erhalten und Schulabschlüsse zu erwerben. Dies sind wichtige Erfolgserlebnisse für kranke Kinder, um sie von der Erkrankung abzulenken, aber auch das Selbstwertgefühl zu stärken und den Willen zum Gesundwerden zu fördern.

Bsonderer Förderbedarf lässt sich nur durch gezielte Beobachtung und Diagnostik erkennen.

In der konkreten Schulwirklichkeit ist der sonderpädagogische Förderbedarf der Schüler natürlich in der Regel nicht trennscharf voneinander abgrenzbar. Die Kurzbeschreibungen skizzieren nur idealtypische Kernmerkmale. Eine Trennung der Förderschwerpunkte ist nur durch gezielte Beobachtungen und gründliche diagnostische Verfahren in der Schulpraxis möglich, um die komplexen Zusammenhänge sorgfältig auseinander zu dividieren. Das zunächst erkennbare Erscheinungsbild (wenn z. B. ein Kind mit aggressiven verbalen Äußerungen seine Arbeitsblätter zerstört und die Aufmerksamkeit durch clowneske Handlungen auf sich lenkt), lässt einen bestimmten sonderpädagogischen Förderschwerpunkt (Erziehungsschwierigkeit) vermuten. Allerdings kann das beobachtete Verhalten auch nur ein Symptom sein z. B. für eine durch Versagenserfahrungen geprägte, nicht offensichtliche Lernbeeinträchtigung, also als eine komplexe Reaktion auf schulische Überforderung.

Die derzeit klassische Beschreibungsform für den schulischen Bereich erfolgt nach wie vor in den meisten Ländern über die Feststellung eines sonderpädagogischen Förderbedarfs, der auf durch die KMK in ihren Empfehlungen von 1994 definierten Beschreibungen basiert. Die Kategorisierung nach Förderschwerpunkten diente einer idealtpyisch ausgerichteten Zuordnung zu Förderleistungen und inhaltlichen fachlichen Zielsetzungen im Sinne einer Orientierung. In den letzten Jahren wird die Trennschärfe, die derartige Kategorisierungen suggerieren, infrage gestellt. Der Argumentation, dass die Erscheinungsweisen im schulischen Alltag zahlreiche Überschneidungen und wechselseitige Bedingungsgefüge nicht berücksichtigen, auch dass z. B. durch neuere neurobiologische Erkenntnisse oder veränderte lerntheoretische Grundlagen Anpassungen erforderlich sind, wird für zukünftige Entwicklungen zu berücksichtigen sein.

10.2 Feststellung des sonderpädagogischen Förderbedarfs

Ein Verfahren zur Feststellung des sonderpädagogischen Förderbedarfs sollte dann eingeleitet werden, wenn ein Kind mit den pädagogischen Möglichkeiten der allgemeinen Schule nicht mehr hinreichend und erfolgreich gefördert werden kann. Das entsprechende Verfahren ist durch Rechtsverordnungen in den einzelnen Ländern geregelt. Auskunft und ausführliche Informationen können Sie bei den Schulbehörden einholen oder in einschlägigen Lehrerfortbildungen. Gemeinsame Grundstruktur der Feststellungsverfahren ist, dass sie in einem engen Beratungsprozess zwischen den Lehrkräften der allgemeinen Schule und der Sonderschulen stattfinden, in den die Erziehungsberechtigten intensiv eingebunden sind.

Informationen über die konkrete Durchführung der Verfahren erhalten Sie im Kollegium. Dokumentationen dazu finden Sie ggf. auch in den Schülerakten der Schule, so dass in den Verfahren noch Ungeübte eine genauere Vorstellung über Inhalt, Form und Verfahrenstechnik gewinnen können.

Wo und wie kann gefördert werden?

Um Kinder und Jugendliche mit Behinderungen angemessen schulisch fördern und unterrichten zu können, gibt es seit den 1960er Jahren in der Bundesrepublik Deutschland ein differenziertes Sonderschulsystem. Die strukturelle Grundannahme der Sonderschule ist die folgende: Kinder mit Behinderungen sollen durch spezialisierte Förderung erfolgreich lernen. In relativ homogenen, kleinen Lerngruppen der Sonderschulen erhalten sie durch die Bündelung von schulischem Expertenwissen und enger Kooperation mit weiteren Spezialeinrichtungen (z. B. Fachärzten und -kliniken) optimale Förderung und Unterricht. Eine besonders strukturierte, separate Lernumgebung und speziell ausgebildete Lehrkräfte sollen eine den individuellen Fähigkeiten und Fertigkeiten angemessene Förderung erfolgreich realisieren.

Früher wurden deshalb Behinderungen mit Blick auf die vorhandenen (Sonderschul-)Institutionen festgestellt („Welche Sonderschule ist für das Kind geeignet?"). Ein Kind ist jedoch nicht sonderschulbedürftig, so als wäre dies – in der jeweiligen Ausprägung der vorhandenen Sonderschultypen – sein Wesensmerkmal. Im Vordergrund steht deshalb jetzt die Frage „Welchen sonderpädagogischen Förderbedarf hat das Kind?" Damit ist an die Stelle der institutionsbezogenen Sichtweise die personenbezogene getreten: Statt der Sonderschulbedürftigkeit gilt es, den sonderpädagogischen Förderbedarf festzustellen.

In vielen Bundesländern wurden aufgrund dieser veränderten Sichtweise die gesetzlichen Vorgaben mit dem Ziel geändert, eine wohnortnahe Förderung behinderter Schülerinnen und Schüler zu ermöglichen sowie zusätzliche Gelegenheiten gemeinsamen Lernens zu schaffen. Die konkrete Ausgestaltung der möglichen Organisationsformen sonderpädagogischer Förderung in der allgemeinen Schule ist den entsprechenden schulgesetzlichen Vorgaben zu entnehmen. Als Grundstruktur halten die Länder nach wie vor ein ausdifferenziertes Sonderschulsystem vor und bieten darüber hinaus – besonders im Bereich der Grundschule – unterschiedliche Möglichkeiten der integrativen und kooperativen Förderung in allgemeinen Schulen.

Neben den schulischen Rahmenbedingungen, die ein sonderpädagogischer Förderort gewährleisten muss, sind Vernetzungsmöglichkeiten mit ambulanten sozialpädagogischen und therapeutischen Diensten wichtige Entscheidungsgrundlagen – z. B. wenn es darum geht, zusätzliche ergänzende Therapien einzubeziehen (wie logopädische Hilfen, ergotherapeutische Trainings) oder auch den nachmittäglichen Bereich strukturierend zu unterstützen durch ergänzende Hilfestellungen in einer sozialpädagogisch ausgerichteten Tagesgruppe oder Unterstützungsangebote im außerschulischen Bereich.

10.3 Möglichkeiten der Diagnostik

Aufgrund ihrer alltäglichen Arbeit mit einem Kind, das vermutlich einen sonderpädagogischen Förderbedarf hat, ist die Lehrkraft der allgemeinen Schule Experte für das Kind – sie kennt übliche Reaktionen, kann Situationen, Verhaltensweisen, Leistungsbereitschaft einschätzen und erkennt – auch frühzeitig – die Grenzen. Die Lehrkraft der Sonderschule bringt zusätzlich ihr Erfahrungsspektrum mit sonderpädagogisch zu fördernden Kindern und spezielle diagnostische Kenntnisse sowie natürlich die Sichtweise eines Außenstehenden mit ein.

Das konkrete Sammeln von Informationen ist die wesentliche diagnostische Grundlage: Je konkreter Sachverhalte beschrieben werden können, desto klarer lassen sich die Informationen dazu rekonstruieren bzw. vertiefende Beobachtungssituationen gezielt konstruieren. Klare Beschreibung (welche Aneignungsstrategien nutzt das Kind, welche Lernhypothesen scheint es zu verfolgen?) sind die hilfreiche Grundlage, um Situationen, in denen Kinder auffälliges, abweichendes Verhalten zeigen, differenziert zu betrachten, um dann schließlich durch gezielte Gestaltung weiterer Beobachtungssituationen systematisch zu diagnostischen Aussagen gelangen zu können. Eine Interpretation, Gewichtung oder kurzgreifende Deutung ist möglichst zu vermeiden, um nicht schon voreilig wichtige Informationsbereiche auszuschließen.

Interpretation, Gewichtung oder kurzgreifende Deutungen sind zu vermeiden.

Gerade Lehrkräfte der allgemeinen Schule können aufgrund ihrer fachlichen Kompetenz in den einzelnen Unterrichtsfächern – wie z. B. der Bereiche Sprache oder Mathematik – ein Kind differenziert beobachten. Hier lassen sich förderpädagogisch verwertbare Aussagen zum Lernstand konkret formulieren wie z. B. Aussagen zum aktuellen Stand im Leselernprozess. Auch ist es hilfreich, wenn nicht nur für das Kind, das gerade im Mittelpunkt der Beobachtung steht, sondern auch für die gesamte Lerngruppe durch die gezielten Beobachtungen weitere Anhaltspunkte ermittelt werden, um die Lernangebote für die gesamte Gruppe weiter auszudifferenzieren.

Regelmäßige, unter den als beobachtungsrelevant erkannten Kriterien (Ausdauerverhalten; Reaktionen bei Belastung usw.) gefertigte kurze Notizen mit konkreten Zeitangaben über die „Besonderheiten", die ein Kind zeigt, erleichtern eine Einschätzung und Zuordnung der Beobachtungen und konkretisieren anhand von Beispielen die Vermutungen, dass ggf. ein sonderpädagogischer Förderbedarf vorliegt.

Neben den klassen- bzw. lerngruppenbezogenen Beobachtungsinstrumenten ist eine Datensammlung von externen Hilfsinstitutionen bei der Planung und Ausgestaltung zusätzlicher Fördermöglichkeiten hilfreich. Eine am Schulstandort gesammelte Liste mit Kontaktadressen und konkreten Ansprechpartnern, wie Mitarbeitern der örtlichen Jugendhilfeeinrichtungen, oder eine Übersicht über nachmittägliche Betreuungsangebote oder etwa ergotherapeutische Praxen, krankengymnastische oder logopädische Einrichtungen, Erziehungsberatungsstellen u.v.m. kann Erziehungsberechtigte dazu ermutigen, ergänzende Hilfestellungen anzufragen und erste Schritte einzuleiten. Um Unterstützung anzubieten, ist auch die Kontaktpflege zu den zuständigen Erziehungsberatungsstellen wichtig, so dass es

„kurze Wege“ zwischen schulpsychologischen Diensten oder den Kooperationspartnern in benachbarten Sonderschulen gibt. So sind auch kurzfristig externe Beratungshilfen zu erhalten. Gerade der kollegiale Austausch zu Beobachtungen in der Lerngruppe, aber auch die Beratung über weitere Fördermöglichkeiten – im schulischen wie im außerschulischen Bereich – sind wichtig: um sich der eigenen Kompetenz in der Beurteilung von außergewöhnlichen pädagogischen Situationen zu vergewissern und das eigene Repertoire an Verhaltensweisen und Handlungsstrategien zu bereichern.

Kopiervorlage

Recherchen zum Sonderpädagogischen Förderbedarf

- Welche rechtlichen Bestimmungen gibt es in Ihrem Bundesland, nach denen sonderpädagogischer Förderbedarf festgestellt und über den Förderort entschieden wird?
- Welche diagnostischen Kompetenzen stehen Ihnen, dem Kollegium der Grundschule oder der Sonderschule zur Verfügung, um eine verantwortliche Entscheidung über den Förderbedarf zu treffen?
- Gibt es an Ihrem Ort oder sogar an Ihrer Schule die Möglichkeit, Kinder mit sonderpädagogischem Förderbedarf im Rahmen des gemeinsamen Unterrichts in der Grundschule zu unterrichten? Wenn ja, welche Rahmenbedingungen sind dafür vorgesehen (Lehrerstellen, Einbezug sonderpädagogischer Kompetenzen, konzeptionelle und inhaltliche Festlegungen)?
- Versuchen Sie, in Sonderschulen, insbesondere in Sonderschulen für Lernbehinderte, zu hospitieren. Welches Erziehungskonzept, welches didaktische Repertoire finden Sie vor?
- Hat Ihre Schule ein abgestimmtes Förderkonzept für Kinder mit besonderen Lernproblemen?

Die Entwicklung von Medienkompetenz

11

Stefanie Welzel

Beim Einstieg in den Lehrberuf kommen viele Pflichten und große Verantwortung auf den Junglehrer zu. Neben dem Einfinden in die neue Schulumgebung und dem Unterrichten mehrerer Fächer steht die Ausbildung von Medienkompetenz mit in den Lehrplänen. Die Kompetenz mit Medien umzugehen ist in vielen Bundesländern nicht in einem isolierten Fach zu unterrichten, sondern soll in die Fächer integriert werden (Medienanstalt Hamburg 2012, 9).

> *Medienkompetenz ist eine Schlüsselkompetenz, die in hohem Maße zu einem chancengerechten Bildungszugang sowie zu einer größtmöglichen Teilhabe des Einzelnen am gesellschaftlichen und politischen Leben beiträgt. Ein selbstbestimmter, kritischer Umgang mit Medien trägt zudem dazu bei, potenzielle Risiken, die von Medien ausgehen können, zu minimieren.*
>
> *(Direktor Dr. Jürgen Brautmeier, Landesanstalt für Medien Nordrhein-Westfalen)*

Medienkompetenz wird als vierte Kulturtechnik angesehen, die unerlässlich geworden ist, um im Beruf und der Gesellschaft handlungsfähig zu sein (Arnold/Lermen 2007, 6). Die Entwicklung von Medienkompetenz muss früh und systematisch angegangen werden, da bereits Kinder im jüngsten Alter in ihrem Alltag mit neuen Medien konfrontiert werden.

Grundschüler „medienfit" zu machen, verlangt aber auch eigene Kompetenzen in diesem Bereich. Wenngleich Berufseinsteiger mit der These „jung = medienkompetent" konfrontiert und gleich das entsprechende Amt als Medienbeauftragter der Schule zugewiesen bekommen, so zeigt sich im Alltag ein anderes Bild. Denn trotz der Verankerung der Medienbildung in den Standards für Lehrerbildung durch die Kultusministerkonferenz im Jahr 2004 hängt dieser Bereich stark von der auszubildenden Universität als auch von der zweiten Phase der Ausbildung, dem Zentrum für schulpraktische Studien, ab. Je nach Ausbildungsstätte wird die Medienbildung eher als Randerscheinung wahrgenommen oder ist fest im Curriculum verankert. Somit gibt es Berufseinsteiger, die bereits in der Ausbildung beispielsweise den pädagogischen Einsatz eines interaktiven Whiteboards erprobt haben. Andere Junglehrer sind kaum in Kontakt mit diesem Medium gekommen

Eine eigene medienpädagogische Ausbildung ist die notwendige Voraussetzung.

und kennen es nur von Werbeseiten in einschlägigen Grundschulzeitschriften. Manchmal wird das Thema nur theoretisch betrachtet ohne den Blick auf den alltäglichen Umgang im Unterricht zu lenken oder auszuprobieren. Zu dieser Heterogenität in der Lehrerausbildung kommt das eigene Können und Interesse mit Medien zu arbeiten.

Die Ausstattung der Schulen ist ebenso unterschiedlich: Es gibt Kommunen, die geleitet von einem gemeinsamen Medienkonzept ihre Schulen mit der entsprechenden Hard- und Software ausstatten. Andere Schulverwaltungsämter überlassen diese Entscheidung der Schule und dem schuleigenen Medienkonzept. Dort stellt das Amt nur die Gelder zur Verfügung. Zudem ist es vom jeweiligen Konzept abhängig, ob in der Schule Medienecken (ca. zwei PCs pro Klassenraum), ein Computerraum oder eine flexible Lösung mit Laptops, Netbooks oder Tablets vorhanden sind. Eine zusätzliche Ausstattung mit interaktiven Whiteboards ist möglich, aber eher vereinzelt anzutreffen. Die Anbindung ans Internet mit einer kabelgebundenen oder kabellosen Lösung sowie seine Schnelligkeit wird ebenfalls von den jeweiligen Kommunen unterschiedlich gehandhabt.

Die Ausbildung von Medienkompetenz hängt damit von personellen als auch standortbedingten Faktoren ab. Unabhängig der jeweiligen Situation in der Schule gilt es Lernräume zu schaffen, in denen Schüler fachbezogen mit neuen Medien umgehen und so ihre Medienkompetenz schulen.

Was heißt Medienkompetenz?

Der Medienpass NRW, der flächendeckend ab dem Schuljahr 2012/2013 an allen Grundschulen Nordrhein-Westfalens eingesetzt werden soll, gliedert Medienkompetenz in mehrere Kompetenzbereiche (Medienberatung NRW):

- **Bedienen /Anwenden**
  Die Kenntnis und die Nutzung von analogen und digitalen Medien ist der Bereich, der in der Grundschule große Beachtung findet: Ein gemeinsames Zeitungsprojekt in Kooperation mit der örtlichen Zeitung, das Spielen von Lernspielen am PC, das Fotografieren von Arbeitsergebnissen mit einer Kamera oder das Darstellen eines Textes mithilfe einer Textverarbeitung sind gängige Beispiele für die Anwendung von Medien.

- **Informieren / Recherchieren**
  In allen Fächern des Grundschulunterrichts können sich Kinder neues Wissen mithilfe des Internets über Kindersuchmaschinen, Online-Lexika oder andere Portale sowie analoge Medien aneignen. Hierzu müssen sie ihren

Wissensbedarf formulieren, ihn gezielt suchen und wiedergeben. Dieser Kompetenzbereich kann in allen Fächern, besonders aber im Sachunterricht trainiert werden, in welchem neue Sachgebiete erschlossen werden. Zudem zählt die Unterscheidung zwischen Sachinformationen und Werbung zu diesem Bereich.

- **Kommunizieren / Kooperieren**

Schüler sollen hier die Kompetenz erwerben, miteinander sicher und zielgerichtet zu kommunizieren. Hierzu gehört das Wissen über Kommunikationswege (Brief, SMS, E-Mail etc.), über Regeln der sicheren und adäquaten Kommunikation, besonders im Internet, sowie auch eine altersgemäße Nutzung von Online-Kommunikationsmitteln. Jegliche Kommunikation und Kooperation bedarf einiger Vorbereitung, besonders wenn mit außerschulischen Partnern in In- oder Ausland kommuniziert werden soll. Miteinander online zu arbeiten kann auch über eine Lernplattform realisiert werden (siehe unten).

- **Produzieren / Präsentieren**

Im Mittelpunkt dieses Kompetenzbereiches steht die Erstellung und Präsentation von multimedial geschaffenen Produkten. Die Kinder können kleine Podcast (z. B. ein eigenes Märchen in Deutsch) mithilfe einer Aufnahmesoftware aufnehmen, kleine Filme mit einfachen Kameras schaffen, eine Mindmap mit der entsprechenden Software erstellen oder eine Präsentation z. B. zu einem Künstler, Dichter oder Musiker mit einer Präsentationssoftware entwickeln. Bei der Planung einer Unterrichtsreihe mit einem multimedialen (End-)Produkt bedarf es einerseits der entsprechenden Ausstattung und andererseits mehr Unterrichtszeit, da die Handhabung des Mediums mit thematisiert werden muss. Die Endprodukte aber entschädigen immer für die investierte Lernzeit!

- **Analysieren / Reflektieren**

Dieser Kompetenzbereich scheint der anspruchsvollste aller Bereiche zu sein: Die Kinder „beschreiben und hinterfragen ihr eigenes Medienverhalten. Sie unterscheiden verschiedene Medienangebote und Zielsetzungen." (Medienberatung NRW, 2012). Das eigene Medienverhalten (Fernsehen, Internet, digitale Spielgeräte etc.) zu dokumentieren und zu reflektieren ist eine mögliche Lernsituation. Internetangebote zu „durchschauen", Chancen und Risiken von Medien aufzuzeigen und zu vergleichen verlangt von den Schülern viel Erfahrung mit den Medien.

Die **Nutzung einer virtuellen Lernplattform** wie z. B. Moodle ist eine Möglichkeit, alle Kompetenzbereiche „mit einer Klappe zu schlagen". Moodle kann das digitale Schulhaus darstellen, in denen Kinder in ihren eigenen Lernräumen geschützt arbeiten können. Nach einer personalisierten Anmeldung in seinem Lernraum betritt das Kind eine sichere und vorbereitete Lernumgebung: Themenbezogen kann es von der Lehrperson eingerichtete Links nutzen und so zielgerichtet Informationen suchen, ohne vorerst die zahlreichen Ergebnisse auch einer Kindersuchmaschine zu sichten.

Eingerichtete Foren können der themenbezogenen Kommunikation dienen wie z. B. folgende Aufgabenstellung:

„Beschreibe einen Mitschüler. Verrate uns nicht, wer es ist! Wir versuchen das Kind zu erraten."

In einem anderen Forum, dem Klassenbriefkasten, teilen Schüler den anderen mit, was sie gerade bewegt: Paul befand sich z. B. gerade in London und grüßte alle Kinder der Klasse. Er berichtete über die Sehenswürdigkeiten und versprach uns Fotos mitzubringen. Andere Kinder können nun auf seinen Beitrag antworten und so das Klassenleben auch außerhalb der Schulzeit bereichern.

Man kann Schule auch virtuell mitgestalten.

Ebenso kann der Lehrer **Aufgaben online** stellen: Eine Knobelaufgabe, Lernwörter der Woche oder einen Film unter einer bestimmten Fragestellung ansehen lassen. Die Kinder bearbeiten die Aufgabe zu Hause oder in der Schule und reichen online ihre Antwort ein.

Inhalte wie Filme oder Audiobeiträge können auf einfache Weise eingestellt werden, die das Kind individuell und so oft es möchte, in der Schule oder zuhause anschauen bzw. anhören kann. Da die Internet- und Computerabdeckung in neun von zehn Haushalten (KIM-Studie, 7) gegeben ist, ist eine multimediale, mehrere Sinneskanäle ansprechende, Hausaufgabe durchaus möglich. Auf diese Weise bekommt das Elternhaus weitere Einblicke in Unterricht und Schule.

Der geschützte Lernraum kann auch als Erprobung von Kommunikationsregeln und Umgangsformen im Internet genutzt werden. Das bewusste Brechen von Regeln hat in einem sicheren Lernumfeld keine negativen Auswirkungen, sondern bietet einen wunderbaren Lernanlass. Auf diese Weise werden Schüler auf die Nutzung sozialer Netzwerke vorbereitet. Zwar spielen diese noch eine untergeordnete Rolle, doch „bereits jeder Dritte der zehn- bis elfjährigen Internet-Nutzer hat ein Profil in einer Community" (KIM-Studie, 34).

Ein moderner Grundschulunterricht, der die Medienkompetenz der Schüler im Blick hat, stellt auch hohe Anforderungen an neue Medien. Bei individuellen Förderangeboten, offenen Unterrichtsformen und kooperativen Arbeitsformen müssen die Werkzeuge jederzeit nutzbar und sofort einsetzbar sein. Allein die Erstellung von mediengestützten Arbeitsergebnissen oder die Nutzung einer Lernplattform bei nur rar ausgestatteten Schulen ist ohne weitere Technik schwer zu realisieren. Gesucht sind hierbei Lösungen, die sowohl für Kinder- als auch für Lehrerhände einfach in der Handhabung sein müssen. Die fortschreitende Technik macht es möglich, eine Antwort zu finden: Die Entwicklung der Tablet-PCs, wie z. B. das iPad, vereint viele Werkzeuge und bietet so eine kontext- und bedarfsorientierte Lösung. Doch die Einsatzmöglichkeiten des iPads gehen weit über die geforderten Anforderungen hinaus: Neue Unterrichtsszenarien können auf eine einfache Art realisiert werden, die vorher undenkbar waren oder nur mit viel Aufwand gemeistert werden konnten. So ist es z. B. möglich, eine Geschichte mithilfe eines virtuellen Puppentheaters zu erzählen, dessen Akteure Mitschüler sind, die aus einem vorher geschossenen Foto importiert wurden. Bis zu elf Akteure können gleichzeitig bewegt werden, während die Geschichte parallel eingesprochen wird. Ein weiteres Unterrichtsszenario ist im Mathematikunterricht beim Finden von Einmaleins-Aufgaben denkbar:

Neue Entwicklungen nutzen: Offener Unterricht bedarf flexibler Medien.

> „Nehmt das iPad und findet in unserem Schulgebäude Einmaleins-Aufgaben. Nachdem ihr genügend Aufgaben gefunden habt, malt ihr in die Bilder hinein und zeigt uns, welche Einmaleins-Aufgaben ihr seht."

Solche kontext- und bedarfsorientierten Lösungen geraten nur langsam in das Blickfeld vieler Entscheider. Es gibt bereits einige Pilotprojekte, die Hoffnung darauf machen, dass sich diese der Grundschule entgegenkommende Technik etablieren wird (Thissen 2012). Häufig ist es die Eigeninitiative einzelner Schulen und Lehrer, welche die Initialzündung zu weiteren Gesprächen sein kann. Lassen Sie sich nicht entmutigen und fordern Sie Offenheit von Entscheidern, auch neue mediale Wege zu beschreiten.

12 Übergang in weiterführende Schulen

Horst Bartnitzky

Wie gerecht sind die Entscheidungen beim Übergang?

Der Übergang von der Grundschule in das verzweigte Schulsystem der Sekundarstufe ist eine Bildungsschwelle mit hohem Unrechtspotenzial. Hier nur einige aus zahlreichen Daten, die diese Feststellung begründen:

- Nach der Grundschule wechselten im Jahr 2006 nur 9 % der Kinder mit Zuwanderergeschichte auf ein Gymnasium, aber 30 % der Kinder ohne eine solche Familienbiografie (Geissler/Menges 2008).
- Nach IGLU 2006 reichen für Kinder von Akademikereltern bei der Lesekompetenz 537 Punkte für eine gymnasiale Empfehlung aus, Kinder ungelernter Arbeiter müssen aber schon wenigstens 614 Punkte erreichen (Bos u. a. 2007).

Der zweite Befund weist darauf hin, dass die Benachteiligung nicht allein die Kinder mit Zuwanderergeschichte betrifft, sondern die Schichtzugehörigkeit. Die Mehrzahl dieser Kinder gehört zu den unteren sozio-ökonomischen und eher bildungsfernen Schichten, gleich ob Zuwanderer oder Nicht-Zuwanderer. Damit wird ein erheblicher Teil aller Kinder doppelt benachteiligt: Der materielle und kulturelle Anregungsgehalt der Milieus in den Mittel- und Oberschichten fördert bei Kindern von Lebensbeginn an alle Fähigkeiten, Handlungsweisen und Einstellungen, die für einen Schulerfolg wichtig sind. Wer bereits Bildungskapital hat, vermehrt es ständig. Wem es fehlt, der hat nichts zu vermehren, wenn es nicht nachholend und ausgleichend besorgt wird. Und dies gelingt im deutschen Schulsystem offenbar nicht hinreichend.

Grundschullehrkräfte empfehlen (siehe der zweite Befund) bei Kindern unterer sozialer Schichten nur zurückhaltend den Besuch des Gymnasiums. Die Kinder müssen in ihren Leistungen erheblich besser sein als vergleichsweise Akademikerkinder. Mithin gilt für diese Kinder:

- Sie haben es viel schwerer, in ihrer anregungsarmen Umwelt die Fähigkeiten und Einstellungen zu entwickeln, die für schulisches Lernen wichtig sind.
- Wenn sie aber entgegen diesen schlechten Bedingungen dennoch gute schulische Leistungen haben, dann müssen sie weit höher sein, um akzeptiert zu werden.

12.1 Aktuelle Entwicklungen

Solche Erkenntnisse haben neben anderen Begründungen in den letzten Jahren zu neuen schulpolitischen Diskussionen und Entscheidungen geführt: Der Elementarbereich, die Kindertagesstätten, sind als Bildungseinrichtungen in den Blickpunkt gerückt; frühe Sprachförderung und kostenfreier Besuch zumindest im letzten Kindergartenjahr sind hier Maßnahmen, die insbesondere für Kinder aus bildungsfernen Schichten ausgleichen sollen, was ihnen von zu Hause her fehlt. Der andere Bereich tiefgreifender Veränderungen im Bildungssystem ist die Schulstruktur: durch Verlängerung der Grundschulzeit wird die Übergangsentscheidung verschoben, durch die Zusammenführung der bisher getrennten Schulformen Haupt- und Realschule wird die Übergangsentscheidung vereinfacht, durch die Möglichkeit, auch mit dieser Schulform das Abitur zu erreichen, wird die Endgültigkeit der Entscheidungen am Ende der Grundschulzeit gemildert. Dies alles differiert allerdings von Bundesland zu Bundesland und die Entwicklungen sind noch nicht abgeschlossen. Wohl ist absehbar, dass es in allen Bundesländern eine Übergangsentscheidung weiterhin geben wird, zumindest für ein zweigliedriges Schulsystem: dem Gymnasium und der Schule daneben, die in den Bundesländern noch verschieden etikettiert ist: Sekundarschule, Gemeinschaftsschule, Stadtteilschule etc. Auch das konkrete Verfahren der Übergangsentscheidung ist in den Bundesländern unterschiedlich geregelt.

- Welche Bedingungen gelten für den Übergang auf das Gymnasium? Ein bestimmter Notenschnitt in den Kernfächern? Ein Gutachten der Grundschule? Eine Eignungsfeststellung der Grundschule? Freie Schulwahl der Eltern nach Beratung durch die Lehrkräfte?
- Wie ist der Ablauf von der Beratung mit den Eltern bis zur Anmeldung und Aufnahme an den weiterführenden Schulen?

Jede Lehrkraft sollte sich erkundigen, was im eigenen Bundesland derzeit gilt. Eine Übersicht findet sich auf der Homepage der Kultusministerkonferenz unter www.kmk.org

12.2 Einflussgrößen für den weiteren Schulerfolg

Dennoch gibt es einige Aspekte, die unabhängig von den konkreten Gegebenheiten für jede Lehrkraft der Grundschule wichtig zu wissen und zu beachten sind. Oft stehen auch im Verständnis von Eltern die kognitiven Kompetenzen und hier wiederum besonders die Leistungen im Lesen, Rechtschreiben und in Mathematik im Vordergrund der Wahrnehmung als Übergangskriterien. Tatsächlich ist aber ein Zusammenspiel von umfassenderen kognitiven Kompetenzen und nicht-kognitiven Persönlichkeitsmerkmalen bedeutsam, dazu familiäre Gegebenheiten sowie ökologisch-systemische Faktoren der noch unbekannten neuen schulischen Situation:

Kognitive Kompetenzen	Nicht-kognitive Persönlichkeitsmerkmale	Familiäre Gegebenheiten	Ökologisch-systemische Faktoren der neuen schulischen Situation
Dies sind sprachliche Kompetenzen wie Erfassen des Gemeinten bei mündlicher Kommunikation, Mitteilungsfähigkeit, Lese- und Schreibfähigkeit, sprachgebundenes Denken; arithmetisches Denken und Rechenfähigkeit; geistige Selbstständigkeit und Wendigkeit, Produktivität in der Gedankenerzeugung, Gedächtnis.	Sie setzen erst die kognitiven Kompetenzen in Wirkung und in Entwicklung: die grundlegende und fachliche Lern- und Leistungsmotivation, die individuellen Interessen, die Arbeitshaltung, Konzentration und Ausdauer, Selbstbewusstsein und Selbstkonzept.	Bildungsstandards und Bildungsbewusstsein, Einkommens- und Wohnverhältnisse, Erziehungspraktiken und anderes mehr sind wichtige Einflussgrößen. Hinzu kommen gegebenenfalls tiefgreifende familiäre Probleme und Änderungen in der Familienstruktur.	Die Schülergruppe, Cliquen, Mobbinggefahr sind Einflüsse, die mit der Zeit zunehmend an Bedeutung auch für das Lernen gewinnen, aber zum Beratungs- und Entscheidungszeitpunkt unbekannt sind. Ebenso unbekannt sind in der Regel die Lehrkräfte, die in der neuen Schule in der jeweiligen Klasse unterrichten, hier insbesondere die Klassenleitungen und Lehrkräfte mit größerem Stundenanteil. Ihr Verständnis von Kindern und vom Lernen, ihre Motivierungskraft und didaktischen Fähigkeiten sind mit entscheidend für das rasche Einfügen in die neue Situation, für das Gefühl, angenommen zu sein und die Erfahrung, zurechtzukommen.

Die Faktoren der vier Kategorien wirken im Zusammenspiel. Geringere kognitive Fähigkeiten können ausgeglichen werden durch ausgeprägte nicht-kognitive Faktoren wie Arbeitshaltung, Fleiß, Ausdauer, Selbstständigkeit. Familiäre Gegebenheiten, wie bildungserfahrene und zahlungsfähige Eltern können durch häusliche Mithilfe oder individuelle Nachhilfe Schwächen ausgleichen. Bei Kindern mit schwächeren Kompetenzen und weniger Selbstbewusstsein, auch mit bildungsfernerem familiären Hintergrund sind die ökologisch-systemischen Faktoren entscheidend für die Bewältigung des Übergangs und den weiteren Schulerfolg. Sie können beflügeln und neue Kräfte freisetzen oder aber auch Kinder mutlos machen. Allerdings ist diese für viele Kinder entscheidende Einflussgröße zur Beratungs- und Anmeldezeit unbekannt. Ebenso unbekannt ist die Entwicklung des Kindes selbst in den nachfolgenden Jahren.

Hinzu kommt, dass es keine objektiven Maßstäbe für die Entscheidung geben kann. Lehrkräfte urteilen nach ihrem Leistungsverständnis, orientieren sich am Leistungsstand der ihnen bekannten Schüler, haben differierende Maßstäbe. So ist, nach der Hamburger LAU-Studie, eine Gymnasialempfehlung in leistungsschwächeren Klassen leichter zu erhalten als in leistungsstarken. Nach derselben Studie erhalten Mädchen deutlich häufiger eine Gymnasialempfehlung als Jungen. Kinder mit Vater ohne Abitur müssen erheblich höhere Leistungen erbringen als Kinder von Abiturvätern (LEHMANN 1997). Dass zudem Zensuren in verschiedenen Klassen, von verschiedenen Lehrkräften und an verschiedenen Schulen unterschiedlich vergeben werden, also ohnehin nicht vergleichbar sind, ist allseits bekannt und vielfach empirisch belegt. Die Prognose für die weitere Schullaufbahn ist mithin durch unterschiedliche Maßstäbe, viele Unsicherheiten und Unbekannte beeinträchtigt. Das muss die beratende oder auch entscheidende Grundschullehrkraft immer mit bedenken.

12.3 Kriterien für Beratung und Gutachten

Generell kann man davon ausgehen, dass Kinder umso besser den Übergang und die höheren Anforderungen an intellektuell anspruchsvolleren Schulen (Gymnasien) bewältigen, je mehr auf die folgenden Fragen positiv zu antworten ist:

Fragenkatalog für die Empfehlung zum Übergang

- **Lernverhalten, Lern- und Leistungsmotivation**
  Ist das Kind auch bei Schwierigkeiten zuversichtlich? Hat es Vorlieben, Interessen, Neigungen? Sind die Interessen dauerhaft?
- **Aufgabenverständnis**
  Nimmt das Kind Informationen schnell auf? Findet es sich in Aufgabenstellungen, auch in neuen, zurecht?
- **Konzentration**
  Erledigt es Aufgaben zügig, auch bei Schwierigkeiten? Bleibt es über längere Zeit aufmerksam?
- **Verlässlichkeit**
  Hält es getroffene Vereinbarungen ein, z. B. in Bezug auf Arbeitsmaterial, Aufträge, soziale Regeln? Arbeitet es gewissenhaft, übersichtlich?
- **Kooperationsfähigkeit**
  Ist es gesprächsfähig? Arbeitet es bei kooperativen Arbeitsformen konstruktiv mit?
- **Selbständigkeit und Produktivität**
  Ist es generell oder in Teilbereichen in der Lage, selbstständig zu arbeiten? Arbeitet es überlegt und planvoll? Eignet es sich selbst Wissen und Fertigkeiten an? Stellt es Fragen, macht es Vorschläge, entwickelt es Ideen und Initiativen? Bestimmt es im Rahmen gegebener Entschei-

dungsmöglichkeiten mit? Kann es gelernte Lösungswege auf neue Probleme oder andere Sachverhalte übertragen?

- **Lernfortschritte in den Fächern**
  Sind die fachlichen Lernfortschritte im letzten Halbjahr durchweg konstant und entsprechen sie den Anforderungen der Klassenstufe voll oder gar in besonderem Maße?

12.4 Hilfen zum Übergang

Das Thema Übergang ist bei vielen Kindern der Abschlussklasse der Grundschule mit Hoffnungen, aber auch mit Ängsten vor dem Unbekannten besetzt. Die Ängste können von leistungsehrgeizigen Eltern weiter geschürt werden. Auch die Klassenarbeiten mit Ankündigungen, Klausursituation und den Ergebnissen können nun verstärkt angstbesetzt sein, wenn die Noten für den Übergang eine ausschlaggebene Rolle spielen – schulrechtlich oder auch nur in der Einschätzung der Eltern. Um die letzte Strecke der Grundschulzeit und dann den Übergang besser zu bewältigen, ist das Unterrichtsthema „Übergang" hilfreich.

Beispiel: Unterrichtsthema „Übergang"

- Die Kinder schreiben auf, welche Gedanken und Gefühle sie haben, wenn sie an die Klasse 5 denken. Die Ergebnisse werden auf Plakaten gesammelt und miteinander besprochen.
- Die Kinder sammeln Fragen zur weiterführenden Schule. Sie ordnen die Fragen nach Themen wie Stundenplan und Fächer, Noten und Klassenarbeiten, Tagesverlauf, Hausaufgaben, Lehrer.
- Für die Antworten auf die Fragen können die Kinder einen Brief an eine weiterführende Schule schreiben, mit der die Lehrkraft zuvor entsprechenden Kontakt aufgenommen hat. Die Kinder einer Klasse 5 oder 6 können schriftlich antworten oder zwei oder drei Kinder kommen in die Klasse zum Interview oder die Grundschulklasse besucht eine weiterführende Schule und erkundet sie mithilfe der Fragen durch Interviews und Hospitation.

Die Lehrkräfte der Grundschule orientieren sich häufig an ihren eigenen Schulerfahrungen. Wichtig ist, sie zu aktualisieren und sie an den Schulen zu gewinnen, auf die die Grundschulkinder hin wechseln. Dazu können Hospitationen durchgeführt werden, möglichst kombiniert mit einer gemeinsamen Konferenz mit Lehrkräften oder Stufenleitern der weiterführenden Schulen. Lehrkräfte der weiterführenden Schule können auch in die Grundschule eingeladen werden. Sie hospitieren in besonderen didaktischen Situationen, in denen Kinder selbstständig arbeiten wie Freie Arbeit,

Wochenplanarbeit, Projekt, bzw. fachbezogen in Fächern, die für die hospitierenden Lehrkräfte besonders interessant sind wie etwa der Fremdsprachen- oder der Mathematikunterricht. Dabei können didaktische Konzepte, Erfahrungen mit den Kindern beim Übergang sowie Erwartungen miteinander ausgetauscht werden.

Kopiervorlage

Übergang in weiterführende Schulen: Recherche und Beratung

Verfahren zum Übergang

- Klären Sie, was in Ihrem Bundesland als Verfahren mit Zeitabläufen und Arbeiten vorgeschrieben ist.
- Klären Sie, welche konkreten Maßnahmen an Ihrer Schule durchgeführt werden.

Beratungen

- Erfragen Sie, welche Erfahrungen im Kollegium mit den weiterführenden Schulen gemacht wurden.
- Erkunden Sie möglichst im Team die in Frage kommenden weiterführenden Schulen – durch Hospitation, durch ein Gespräch mit Stufenleiter oder Klassenlehrer der Eingangsklassen.
- Bei den Beratungsgesprächen mit den Eltern sind die Erwartungen und Überlegungen der Eltern ein wichtiger Gesprächsinhalt.
- Legen Sie Ihren Einschätzungen die oben genannten Kriterien zugrunde und seien Sie sich darin nicht zu sicher, genau zu wissen, wohin ein Kind gehen muss.

13 Tätigkeitsfeld: Beraten und Beurteilen

Horst Bartnitzky

Bogen zur Selbstbeurteilung der Handschrift
1. Welche Seiten sind mir besonders gut gelungen? – Der Text ist gut zu lesen? – Alle Buchstaben sind gut zu erkennen? – Die Wörter sind mit Schwung geschrieben? Gut gelungene Seiten bekommen einen ✳. Welche Seite stelle ich im *Schriftgespräch* vor?
2. Ich vergleiche Heft Nummer ____ mit meinem letzten Heft Nummer ___. Was fällt mir auf?
3. Mit welchem Stift schreibe ich am besten?
4. Schreibe ich am besten ☐ ohne Linien? ☐ auf den großen Linien? ☐ auf den engen Linien? ☐ im Schreibheft mit Linien___?
5. Welche Buchstabenverbindungen habe ich ausprobiert?
6. Welches Wort oder welchen Satz kann ich besonders leicht mit Schwung schreiben?

Das Formular stammt aus dem Material zur Grundschrift, hier ein Bogen zur Selbstbeurteilung für Kinder der Klassen 3 und 4 (Bartnitzky u. a. 2011, 232). Der didaktische Zusammenhang ist Folgender: Die Kinder üben ihre Schrift von Klasse 1 an in einem besonderem Heft: „Meine Schrift". Drei grundlegende Qualitätskriterien werden im Laufe der Zeit erarbeitet. Als Erstes: Formklarheit (die Buchstaben müssen gut erkennbar sein), dann Leserlichkeit (Partner beurteilen die Schreibungen); im Laufe der Zeit kommt Geläufigkeit hinzu („Schreiben mit Schwung"). Mit dem Bogen zur Selbstbeurteilung reflektieren die Kinder ihre Erfahrungen mit der Schrift und beurteilen ihre derzeitigen Schriftproben. Nach der Selbstbewertung wählen sie ein Schriftbeispiel aus, das sie im Schriftgespräch anderen Kindern zu Beratung und Beurteilung zeigen wollen (im Bogen oben; 1.). Die Kinder sehen auf ihren Entwicklungsprozess zurück (2.) und stellen fest, mit welchen Materialien sie individuell am besten zurecht kommen (3., 4.), was sie probiert haben und was ihnen besonders gut gelingt (5., 6.).

Dies ist ein Beispiel für eine andere Beratungs- und Beurteilungskultur, als sie mit dem traditionellen Klassenarbeit-Zensierungs-Verfahren praktiziert wird:

- Die Lehrkraft hat nicht das Beratungs- und Beurteilungsmonopol. Vielmehr sind die Kinder aktiv einbezogen: Sie beraten und beurteilen sich selber und, wie im Schriftgespräch, kommunikativ an Hand erarbeiteter Qualitätskriterien.
- Beraten und Beurteilen sind nicht aus den Lernsituationen herauszunehmen, wie dies bei Klausuren und Tests der Fall ist, sondern Bestandteile des Lernprozesses: Der Lernweg und das Lernziel, Prozess und Produkt sind Gegenstand des Nachdenkens der Kinder, individuell wie kommunikativ.
- Die Lernergebnisse sind individuell: Zwar liegen Qualitätsmaßstäbe zugrunde, doch haben die Lernentwicklungen wie die Lernergebnisse der Kinder eine individuelle Bandbreite.

Pädagogische Leistungskultur

Zum Formular gibt es eine Ergänzung: die Rückmeldung des Lehrers. Hier schätzt auch die Lehrkraft die Schrift aufgrund der drei Qualitätskriterien ein. Damit ergibt sich die Möglichkeit, über identische und abweichende Beurteilungen miteinander zu sprechen und hieraus gegebenenfalls beratende Aspekte zu gewinnen. Für eine solche pädagogische Leistungskultur legte der Grundschulverband Praxisbeispiele für alle Bereiche und Fächer vor (Bartnitzky u.a. 2004, 2005, 2006, 2007). Darauf beziehe ich mich im Folgenden. Zur Schulpraxis gehört auch die traditionelle und verpflichtende Zensurengebung. Praxistaugliche Umgangsweisen mit Zensuren sowie mit den regelmäßigen Vergleichs- und Orientierungsarbeiten werden am Ende dieses Beitrags vorgeschlagen.

13.1 Leistungen wahrnehmen und würdigen

Wie erkennt man die Leistungen der Kinder?

Grob gesagt, gibt es zwei Quellen der Wahrnehmung von Leistungen:

- **Arbeitsdokumente** der Kinder, wie niedergeschriebene Lösungen, Lesetagebuch, gefertigte Werke, Tests und Klassenarbeiten sowie
- **Beobachtung** der Kinder als zufällige und als bewusste, geplante Beobachtungen.

Beobachtungen können ständig gemacht werden – im Unterricht, in Pausen, in informellen Situationen. Häufig zieht auffälliges Verhalten die Beobachtung auf sich. Zum professionellen Lehrerhandeln gehört aber auch, dass scheinbar unauffälliges Verhalten und Entwicklungen bei Kindern beobachtet werden. Dazu sind willentlich auf bestimmte Aspekte gerichtete

Beobachtungen nötig. Aus der psychologischen Diagnostik sind insbesondere zwei Beobachtungsformen für den Unterrichtsalltag geeignet und ertragreich.

Professionell beobachten

- **Beobachtung in standardisierter Situation**
  Der Unterrichtstag ist bestimmt von standardisierten, generell geregelten und häufig wiederkehrenden Situationen: Morgenkreis, Meldekette, Partnerarbeit, lautierendes Erschreiben in Klasse 1, Schreibkonferenz in Klasse 4, Frühstückspause, Freie Arbeit, Stationenlernen und anderes mehr. Die Lehrkraft nimmt sich zwei oder drei Kinder vor, die sie in dieser Situation besonders beobachten will; eine Lehramtsanwärterin kann diese Funktion auch übernehmen.
- **Zeitlich verteilte Beobachtung**
  Die Lehrkraft legt Beobachtungsintervalle fest: Einzelne Kinder werden langfristig und intensiv beobachtet – in einer bestimmten standardisierten Situation oder in individuellen Situationen wie Beginn von Arbeit, Durchlautieren von Wörtern, Bearbeiten einer Rechenaufgabe, Zuhören im Gesprächskreis. Zeitlich verteilte Beobachtung, bedeutet: Dieselbe Situation wird über eine Woche oder zwei Wochen hinweg beobachtet, oder im Abstand einiger Tage, dann wieder in drei oder vier Wochen. Auf diese Weise können Entwicklungen, aber auch verfestigte Verhaltensweisen beobachtet und wahrgenommen werden.

Dialogisch beurteilen

Solche Wahrnehmungen können Kinder auch bei sich selber vornehmen und dann ihr Verhalten beurteilen, analog zur Schriftbeurteilung im Eingangsbeispiel, oder Kinder werden als „kritische Freunde" vom Kind bestimmt, die solche Beobachtung und Beurteilung durchführen. Dies ist eine gute Übung zur Selbstwahrnehmung und Selbststeuerung.

Gesprächsregeln: x = Das habe ich geschafft.					
Datum des Schultages					
Ich habe immer dem Kind zugehört, dass das Rederecht hatte.					
Ich habe mich still gemeldet.					
Ich bin immer beim Thema geblieben.					

Das Beispiel oben wurde für Kinder genutzt, denen die Einhaltung der drei genannten Gesprächsregeln schwer fiel. Gemeinsam mit ihnen wurde ein entsprechender Bogen erstellt. Die Lehrkraft kann ihn mit einer eigenen

Einschätzung ergänzen, ebenso ein oder zwei Kinder, die als „kritische Freunde“ vom Kind dazu ernannt wurden. Wenn ein Kind die Einhaltung einer Regel nicht geschafft hat, ist für die Lehrkraft wie für die „kritischen Freunde“ Pflicht, wenigstens eine Wahrnehmung zu nennen, an der das erkannt wurde. Auf eine solche Spiegelung hat das beobachtete Kind ein Anrecht und sie hilft auch, am Verhalten selbst weiterzuarbeiten.

Kopiervorlage

Beobachtungsbogen Texte verfassen 3/4

Name		**Datum**					
Motivation	nutzt Gelegenheit zum Schreiben im Schulalltag						
	lässt sich zum Schreiben anregen (z. B. durch Bildimpulse, durch kreative Formen, durch Wortfelder, durch literarische Texte, …)						
	entwickelt selbstständig Schreibideen						
	plant, schreibt und überarbeitet Texte mit Ausdauer						
Schreibentwicklung	schreibt verständliche Texte						
	schreibt Texte, die der jeweiligen Schreibaufgabe entsprechen:						
	– *Texte, die Erlebtes oder Erfundenes erzählen*						
	– *Texte, die über Sachverhalte informieren*						
	– *Vereinbarungen, Aufrufe, Aufforderungen, …*						
	– *poetische Texte*						
	berücksichtigt die erarbeiteten textbezogenen Kriterien						
	berücksichtigt Hinweise bei der Überarbeitung eigener Texte						
	gibt anderen Kindern begründete Hinweise zur Überarbeitung (z. B. in der Schreibkonferenz)						
	gestaltet ausgewählte Texte für die bekannten Präsentationsformen (Wanderbuch, Wandzeitung, Leporello, …)						
Strategien	nutzt die bekannten Planungshilfen (Ideenfeld, Cluster, Erzählwörter, Erzählkarten, …)						
	schreibt Textentwürfe zweizeilig und nutzt die Möglichkeit der gleichzeitigen Überarbeitung						
	nutzt die bekannten Methoden beim Überarbeiten: weglassen, umstellen, ersetzen, erweitern						

○ = teilweise, mit Hilfe / + = häufig, selbstständig

Für die Hand der Lehrkraft gibt es solche fachlich ausgeführten Beobachtungs- und Beurteilungsbögen. Sie mögen nützlich sein, um nach längerer Zeit Entwicklungen festzustellen. Sie haben den Nachteil, dass sie unkonkret bleiben. Was wahrgenommen wird, ist in der Regel nicht erinnerbar, lückenhaft oder wertend eingefärbt. Ergänzend oder alternativ kann die Lehrkraft ein pädagogisches Tagebuch führen, in das Beobachtungen, aber auch Reflexionen und Beurteilungsversuche eingetragen werden können. Ob dies im Ringbuch, in einer festen Kladde oder auf dem Rechner geschieht, ist vom Arbeitsstil der Lehrkraft abhängig. Solche Niederschriften über konkret Wahrgenommenes sind eine gute Grundlage für Gespräche mit dem Kind.

13.2 Wahrnehmungs- und Beurteilungsfehler

Sowohl von den Dokumenten als auch von der Beobachtung her kann nur mit Vorsicht auf die tatsächlichen Anstrengungen, Lösungsstrategien, Gedankenwege des Kindes geschlossen werden. Wahrgenommen wird das Erscheinungsbild, nicht der innere Vorgang. Gespräche mit Kindern können weiteren Aufschluss über die tatsächlichen Leistungen erbringen, z. B. über ihre Lösungswege und Absichten, über schwierige und über leicht zu bewältigende Stellen, über Selbstwahrnehmungen bei der Arbeit. Zudem färben subjektive Wahrnehmungsfehler die Wahrnehmung und die Beurteilung ein, wie aus der Wahrnehmungspsychologie bekannt ist:

„Von dir hab ich auch nichts anderes erwartet."

- **Erwartungseffekt:** Bei leistungsstarken Schülern werden gute Leistungen erwartet, bei leistungsschwachen eher schwache. Das kann den Blick trüben, wenn z. B. bei leistungsstarken Schülern eher Fehler übersehen werden. Zudem übernehmen die Kinder die Einstellung der Lehrkraft, sodass sich der Effekt der Sich-selbst-erfüllenden Prophezeiung eintritt („self-fulfilling prophecy"): Die Kinder übernehmen die Einstellung in ihr Selbstkonzept und gewinnen hieraus Ehrgeiz und hohen Selbstanspruch oder die fatale Vermutung fortwährender Misserfolge („Mathe ist nicht mein Ding!").
- **Halo-Effekt:** Was in einem Leistungsbereich als Niveau festgestellt wurde, wird auf andere Bereiche übertragen: Wer z. B. sauber schreibt, gilt als fleißig; wer in Deutsch und Mathematik gute Leistungen zeigt, wird in den sog. Nebenfächern eher positiv beurteilt. Gleiches gilt umgekehrt bei schwachen Leistungen in Kernfächern.
- **Milde-Effekt:** Sympathie für bestimmte Kinder führt eher zu wohlwollender Beurteilung, Antipathie dagegen zu mehr Strenge.

- **Personbedingte Werthaltung:** Werthaltungen gegenüber Kindern und ihrem Verhalten beeinflussen das Lehrerhandeln. Wenn die Lehrkraft eher angepasstes Verhalten oder eher umtriebige Kreativität schätzt, Kinder mit Zuwanderergeschichte vorzugsweise als problematisch oder aber als Bereicherung wahrnimmt, Kinder als „Humankapital“ ansieht oder Kinder als Individuen mag – dann färbt diese Werthaltung auch die Wahrnehmung und die Beurteilung ein.

„Schülermaterial“ oder individuelle Kinder?

Durch selbstkritische Reflexion müssen solche Wahrnehmungs-Fehler und -Einfärbungen bewusst gemacht werden. Soweit sie dem Auftrag zu ermutigender und wertschätzender Erziehung widersprechen, müssen sie abgebaut werden.

13.3 Funktionen und Maßstäbe

Zwei Funktionen der Wahrnehmung und Beurteilung von Leistungen sind zu unterscheiden:

- **Entwicklungsfunktion**
  Sie zielt auf die individuelle und bestmögliche Bildungsentwicklung der Schüler. Das bedeutet: Die individuellen Entwicklungsmöglichkeiten werden berücksichtigt, für das einzelne Kind werden erreichbare Ziele angestrebt. Ermutigung, Unterstützung und Würdigung seiner individuellen Leistungen sind dabei Bedingung und Folge.

- **Steuerungsfunktion**
  Sie hat die innerschulische und nachschulische Auslese der Schülerinnen und Schüler zum Ziel. Das bedeutet für den Grundschulbereich: Entscheidungen über die Versetzung, über die Wahl der weiterführenden Schule werden für diese Funktion getroffen. Zensuren haben hierzu eine vorbereitende Aufgabe.

Die Steuerungsfunktion hebelt die Entwicklungsfunktion aus.

Beide Funktionen sind von Bedeutung: Die Entwicklungsfunktion gilt als pädagogische Kernaufgabe. Die Steuerungsfunktion hat die gesellschaftliche Aufgabe, Berechtigungen und Positionen nach Leistungsfähigkeit zu vergeben, ihre Funktion ist bei den Weichenstellungen im Bildungssystem gefragt. Tatsächlich wirken sie auch in der Grundschule aber oft nebeneinander mit dem Effekt, dass die Steuerungsfunktion die Entwicklungsfunktion aushebelt. In der Regel mit Einsetzen der Zensuren, spätestens Ende Klasse 3 wird dies offenkundig: Das Interesse vieler Eltern sowie in Folge der Kinder wird von der individuellen Entwicklung verlagert auf das Erreichen einer positiven Laufbahnentscheidung, weil der Übergang zu weiterführenden Schulen näher rückt und die Zensuren in Klassenarbeiten und Zeugnissen dazu den Trend markieren. Dann gilt es pädagogisch gegenzusteuern und weiterhin den Raum für individuelle Wahrnehmung und Würdigung der Leistungen offenzuhalten.

Eng mit den Funktionen sind die Maßstäbe der Beurteilung verbunden. Drei Maßstäbe werden unterschieden:

- **der individuelle oder personale Maßstab**
  Er orientiert sich an der Entwicklung der Kinder und an ihren individuellen Fortschritten. Was kann das Kind heute besser als gestern?
- **der anforderungsbezogene oder kriteriale Maßstab**
  Er misst die aktuelle Leistung an Anforderungen und Kriterien, die für die Lerngruppe bzw. die Klassenstufe gelten. Inwieweit hat das Kind das für alle geltende gesteckte Ziel erreicht?
- **der vergleichsbezogene oder soziale Maßstab**
  Er vergleicht die Leistung eines Kindes mit den Leistungen der anderen Kinder der Bezugsgruppe. An welcher Stelle in der Leistungshierarchie der Lerngruppe, der Klasse steht das Kind? Ist es z. B. besser als das Nachbarkind?

Der Vergleichsbezug ist ein pädagogischer Offenbarungseid.

Der **vergleichsbezogene Maßstab** verteilt die Leistungen entsprechend der Normalverteilung, wonach es immer einige leistungsstärkere am oberen Ende der Skala, einige leistungsschwache am unteren Ende und viele im Mittelfeld gibt. Entsprechend werden häufig auch die Zensuren in einer Klasse verteilt. Allerdings ist dieser vergleichsbezogene Maßstab schulrechtlich nicht zulässig, weil er zu unsinnigen Effekten führt: Danach gäbe es in jeder Klasse, sei sie insgesamt leistungsstark oder -schwach eine Spitzen- und eine Versagergruppe, ganz unabhängig vom Leistungsniveau der jeweiligen Klasse. Konsequenterweise würden durch jährliches Sitzenbleiben immer wieder weitere Kinder in die Versagerposition geraten. Pädagogisch ist der Vergleichsbezug ein Offenbarungseid. Denn unabhängig vom Lehr- und Lernerfolg sind immer mangelhafte Leistungen erforderlich. Das System erzeugt Gewinner und Verlierer, ohne Rücksicht auf die tatsächliche Leistung des Einzelnen.

Der **kriteriale Maßstab** gilt schulrechtlich seit 1968 für die Zensurengebung. Denn Zensuren sollen sich ihrer verbindlichen Definition nach an den zugrunde liegenden Anforderungen orientieren. Da unser Zensurensystem sechs Abstufungen hat, wird die Ausprägung, in der die Leistung den Anforderungen entspricht auf sechs Niveaus verteilt. Sehr gut für eine

Leistung, die den Anforderungen „in besonderem Maße" entspricht, ungenügend für eine Leistung, die den Anforderungen „nicht" entspricht. Allerdings suggerieren die Zensuren eine Objektivität, die sie nicht haben. Denn auch die zugrunde liegenden Anforderungen sind klassenspezifisch ausgeprägt. In leistungsschwachen Klassen erhalten Kinder gute Noten, die in leistungsstarken Klassen vermutlich schlechte Noten erhielten. Ausführlicher zur Notengebung siehe den Abschnitt: Zensuren, S. 108.

Der Anforderungsbezug liegt den Zensuren-Definition zugrunde.

Der **individuelle Maßstab** entspricht dem pädagogischen Selbstverständnis nach individueller Wahrnehmung und Würdigung der Leistungen des einzelnen Kindes. In der Schule ist der individuelle Maßstab gekoppelt mit dem kriterialen. Die Anforderungen geben die Perspektive für die individuelle Förderung und für die Wahrnehmung von Leistungsfortschritten vor, in der Realisierung entwickeln sich die Kinder unterschiedlich rasch und auf unterschiedlichem Niveau. Auch am Ende wird es eine Bandbreite von individuellen Entwicklungen und Leistungsständen geben.

Der individuelle Maßstab nimmt die Möglichkeiten, Lernwege und Erfolge der Kinder in den Blick.

Am Eingangsbeispiel zur Schrift ist zu sehen, wie sich verbindliche Qualitätsansprüche durchsetzen, zugleich aber individuelle Entwicklungen und Ausprägungen der Schriftentwicklung und des Schriftbildes zur Geltung kommen.

13.4 Vier Handlungsmöglichkeiten

Im Rahmen der pädagogischen Leistungskultur werden vier Möglichkeiten pädagogischen Handelns genannt, wie die Leistungen von Kindern wahrgenommen und gewürdigt werden. Dabei gilt die besondere Beachtung der dialogischen Lernbegleitung, also der Mitwirkung der Kinder bei Beratung und Beurteilung:

- Lernstände feststellen,
- Lernentwicklungen bestätigen,
- Lerngespräche führen,
- eigene Lernwege beschreiben.

Die folgenden Beispiele sind dem Material des Grundschulverbandes zur pädagogischen Leistungskultur entnommen (Bartnitzky u. a. 2004–2007).

Lernstände feststellen

Was kann das Kind bereits? Das sind Fragen zum einzelnen Kind. Hinzu kommt der Blick auf die Lerngruppe: Wie ist die Bandbreite der Lernstände in der Klasse?

Was kann das Kind?

Beispiele: Bei vielen Eigenproduktionen der Kinder werden Lernstände sichtbar: ein Gedicht wird vorgetragen, ein Buch vorgestellt, ein Vortrag zu einem Sachthema gehalten, ein Lösungsweg erklärt, Wochenblätter mit Aufgaben der Woche werden abgegeben, ein Forscherbuch zu einem Thema fertiggestellt. Zu einigen solcher Eigenproduktionen können Checklisten angefertigt werden, mit deren Hilfe die Kinder selbst und die Lehrkraft mit dem Kind, den Lernstand feststellen können. Das Beispiel oben zu den Gesprächsregeln (S. 100) ist ein Modell für solche Checklisten; sie können z. B. auch für das Schreiben von Erzähltexten oder das Vortragen zu einem Thema erstellt werden.

Daneben gibt es Vorschläge für informelle Tests wie das Neun-Wörter-Diktat für Kinder in der Klasse 1 zum Rechtschreiben oder das Wörterrätsel für Fortgeschrittene: Ein Wort wird durch ein Bild vorgestellt, die Kinder verschriften es daneben. An der Bewältigung der Laut-Buchstaben-Beziehungen und der Annäherung an die Rechtschreibnorm ist der Entwicklungsstand im Rechtschreiben erkennbar. In Mathematik können Minitests zu individuellen Zeitpunkten bearbeitet werden, die Lehrkraft trägt bei Erfolg Datum und Paraphe in den Mathepass ein. Schließlich können auch standardisierte Schultests herangezogen werden, die Entwicklungen zeigen und einfach zu handhaben sind: der Stolperwörter-Lesetest, die Hamburger Schreibprobe HSP.

Lernentwicklungen bestätigen

Wie hat sich das Kind entwickelt?

Für eine kontinuierliche Bestätigung und Förderung von Lernentwicklungen ist wichtig, dass Lernstände zu unterschiedlichen Zeitpunkten festgehalten werden. Auch hier können die Kinder einbezogen werden: Sie erkennen, dass sie Fortschritte gemacht haben, dass sich Mühe lohnt, auch wenn noch nicht alles perfekt ist. Die eben bei „Lernstände feststellen“ angegebenen Beispiele können häufig auch zu verschiedenen Zeitpunkten durchgeführt werden, um Entwicklungen zu sehen: Das Neun-Wörter-Diktat z. B. in Klasse 1 zu verschiedenen Zeiten durchgeführt, zeigt Lernfortschritte auf.

Das Lesetagebuch dokumentiert Entwicklungen der Lesebiografie, die Hefte „Meine Schrift“ die Schriftentwicklung des Kindes. Die Auswahl von besonderen Arbeitsdokumenten für eine individuelle Portfolio-Mappe zeigt, woran ein Kind intensiver gearbeitet hat, worauf es selber stolz ist. Die Mappe, über ein Schuljahr geführt, weist die Entwicklung übers Jahr aus und weiter geführt: auch über die Grundschulzeit. Mathe-Pass, Lese-Diplom sind Ausweise für geglückte Lernentwicklungen.

Lerngespräche führen

Dies sind Gespräche der Kinder miteinander oder der Lehrkraft mit den Kindern – einzeln, in der Gruppe, in der Klasse. Es sind Gespräche über das Lernen, also Gespräche auf einer Metaebene über Gelungenes und (noch) nicht Gelungenes, über Fehler und Lernwege, Lösungen und weitere Arbeitsperspektiven, über den Grad der eigenen Zufriedenheit und des Lernerfolgs.

Miteinander über Lernen sprechen

Kinder sprechen miteinander über Lernen: in Schriftgesprächen, in der Leseversammlung, bei der Schreibkonferenz, beim gemeinsamen Nachdenken über richtige Schreibweisen oder Rechenwege, im Gespräch über die Auswahl von Arbeitsdokumenten für das Portfolio.

Institutionell werden Lerngespräche in der Kinder-Sprechstunde. Während der Wochenplan-Arbeit hat die Lehrkraft einen freien Tisch reserviert und mit einem Tischreiter „Kinder-Sprechstunde" versehen. Sie gibt einem Kind Rückmeldungen und beide reflektieren vergangenes und zukünftiges Lernen.

Eigene Lernwege beschreiben

Die Kinder dokumentieren, beschreiben, reflektieren ihre individuellen Lernwege. Im Portfolio hat das Kind ausgewählte Arbeitsdokumente gesammelt: Arbeiten, bei denen es sich besondere Mühe gegeben hat, auf die es besonders stolz ist, die es auch anderen zeigen mag. Sie können Grundlage für Lerngespräche sein, dokumentieren über die Zeit hinweg auch Lernentwicklungen. In einem Lerntagebuch können Kinder ihre Ideen, Lernwege, Entdeckungen festhalten und in ungebundener Form über ihr eigenes Lernen schreiben. Das Lesetagebuch ist eine fachlich eingegrenzte Möglichkeit eines Lerntagebuchs. Zum Zeugnistermin schreiben die Kinder in einem Selbstzeugnis auf, was sie neu gelernt haben, was sie gut können, was sie weiter üben müssen. Bisher von Kindern gesammelte Arbeitsdokumente und Selbsteinschätzungsbögen werden hierbei zu Rate gezogen, die Kinder-Sprechstunde kann das Nachdenken unterstützen.

Eigene Lernwege und Lernerfolge reflektieren

13.5 Klassenarbeiten und Zensuren

Klassenarbeiten werden in ihrem Aussagewert häufig überschätzt:

- Klassenarbeiten werden oft zur alleinigen Grundlage für die Ermittlung der Zeugnisnote gemacht, obwohl die Leistungen der Kinder ungleich umfassender und differenzierter sind, siehe die vier Handlungsfelder. Auch nach den einschlägigen Rechtsvorschriften haben bei der zusammenfassenden Leistungsbeurteilung Klassenarbeiten nur einen begrenzten Anteil. Hinzu kommen mündliche und praktische Leistungen sowie weitere Leistungserweise in den Arbeitsdokumenten der Kinder.

- Klassenarbeiten werden in ritualisierten Situationen durchgeführt, fernab vom üblichen Unterrichtsalltag. Kinder gehen unterschiedlich mit dem dadurch verursachten Stress um. Viele Kinder können in diesen besonderen Situationen nicht zeigen, was zu leisten sie eigentlich in der Lage sind.
- Klassenarbeiten werden benotet, sind also bei der Leistungsbewertung von all den Schwächen gekennzeichnet, die für die Zensurengebung vielfach nachgewiesen sind (siehe hierzu den nächsten Abschnitt).

Möglichst auf traditionelle Klassenarbeiten verzichten

Soweit im Bundesland Klassenarbeiten nicht zwingend vorgeschrieben sind, sollte auf sie verzichtet werden. Die Beobachtungen und Arbeitsdokumente der Kinder geben überreich Auskunft über Lernentwicklungen und Lernstände der Kinder.

Soweit Klassenarbeiten verpflichtend sind, können durch einige Varianten das Ritual und seine negative Auswirkung gemildert werden. Dies sind Varianten, wie sie in der modernen Didaktik der Fächer Deutsch und Mathematik zum unterrichtlichen Standard gehören: Bei Rechtschreibarbeiten wird nicht nur Texte diktiert, sondern Kinder können nach dem Diktat im Wörterbuch nachschlagen; Aufgaben werden hinzugenommen, die wichtige Rechtschreibstrategien betreffen: verwandte Wörter finden, Wörter ableiten, Rechtschreibung begründen. Bei Aufsätzen können Kinder einen eigenen Text auswählen, der als Klassenarbeitstext eingetragen wird. Bei Mathematikarbeiten sind die Schwierigkeiten der Aufgaben gestaffelt. Kinder schreiben ihre Lösungswege und Überlegungen auf. Zudem kann das Prinzip, dass alle zur selben Zeit dieselben Aufgaben bearbeiten, aufgehoben werden. Die Arbeiten können zeitversetzt geschrieben werden, die Aufgaben können nach Anforderungsgrad differenziert werden, sodass für leistungsschwächere Kinder die für sie leistbaren Anforderungen gelten.

Zensuren

Das wissenschaftliche vernichtende Urteil über Zensuren ist längst gesprochen. Eine Expertise der Universität Siegen fasste aufgrund zahlreicher Begleitliteratur die Unsinnigkeit der Zensurengebung zusammen (Arbeitsgruppe Primarstufe 2006):

- **Noten sind nicht objektiv, nicht verlässlich, nicht vergleichbar:** Dieselbe Arbeit wird von verschiedenen Lehrern unterschiedlich bewertet, auch vom selben Lehrer zu verschiedenen Zeitpunkten. Je nach Niveau der Klasse erhält derselbe Schüler eine gute oder schlechte Beurteilung.

- **Noten sind nicht aussagekräftig:** Noten sagen nichts darüber aus, wie die Leistung zustande gekommen ist, welches individuelle Profil die Teilleistungen haben und ob überhaupt eine anstrengungsbezogene Leistung dahinter steht. Die nachlässige Arbeit eines leistungsstarken Schülers kann dieselbe Note erhalten wie die optimale Leistung eines leistungsschwachen.
- **Noten sind zur Leistungsförderung unnötig:** In Ländern, die bei internationalen Vergleichen besser abschneiden als Deutschland, werden bis in die Sekundarstufe hinein keine Noten erteilt.

Die Not mit den Noten

Zensuren verbinden sich zudem im Bewusstsein der Eltern und dann auch der Kinder oft eng mit der Auslese für die weiterführenden Schulen. Damit erhalten sie ein Gewicht, das ihnen eigentlich nicht zusteht. Dieses Gewicht erschwert die Realisierung der pädagogischen Leistungskultur, wenn z.B. die Note zum Leistungsziel der Kinder wird und nicht mehr Sachinteresse oder Freude und Stolz am gelungenen Werk; wenn leistungsschwächere Kinder durch schlechte Noten permanent demotiviert werden, obwohl gerade sie Ermutigung und Erfolgserfahrungen brauchten.

Allerdings wird vermutlich in absehbarer Zeit auf Noten im Grundschulbereich aus politisch-taktischen Gründen nicht verzichtet. Für Lehrkräfte stellt sich deshalb die Frage, wie Noten erteilt werden können, ohne der pädagogischen Arbeit zu sehr zu schaden.

Im Jahr 1968 einigte sich die Kultusministerkonferenz auf eine neue Notendefinition, die nicht mehr am Durchschnitt der Klasse sondern an den Anforderungen orientiert ist. Diese Definition gilt schulrechtlich in allen Bundesländern:

Die amtliche Notendefinition

- Die Note **sehr gut** soll erteilt werden, wenn die Leistung den Anforderungen in besonderem Maße entspricht.
- Die Note **gut** soll erteilt werden, wenn die Leistung den Anforderungen voll entspricht.
- Die Note **befriedigend** soll erteilt werden, wenn die Leistung im Allgemeinen den Anforderungen entspricht.
- Die Note **ausreichend** soll erteilt werden, wenn die Leistung zwar Mängel aufweist, aber im Ganzen den Anforderungen noch entspricht.
- Die Note **mangelhaft** soll erteilt werden, wenn die Leistung den Anforderungen nicht entspricht, jedoch erkennen lässt, dass die notwendigen Grundkenntnisse vorhanden sind und die Mängel in absehbarer Zeit behoben werden können.
- Die Note **ungenügend** soll erteilt werden, wenn die Leistung den Anforderungen nicht entspricht und selbst die Grundkenntnisse so lücken-

haft sind, dass die Mängel in absehbarer Zeit nicht behoben werden können.

Grundlegende Anforderungen als Ausgangspunkt

Zur praktischen Handhabung kann von der Orientierung an grundlegenden Anforderungen oder Mindeststandards ausgegangen werden. Dies ist das Anforderungsniveau, das auch leistungsschwächere Kinder bei der notwendigen Förderung erreichen können und das Voraussetzung für weiteres erfolgreiches Lernen ist. Es ist eine Leistung, die „im Allgemeinen den Anforderungen entspricht", also ist hier die Note befriedigend zu erteilen. Diese Orientierung ergibt folgendes Bewertungsschema:

Note	Niveau
sehr gut	weit über die grundlegenden Anforderungen hinaus
gut	über die grundlegenden Anforderungen hinaus
befriedigend	Niveau grundlegender Anforderungen
ausreichend	Niveau grundlegender Anforderungen mit Abstrichen
mangelhaft	die grundlegenden Anforderungen nur teilweise/ansatzweise
ungenügend	die grundlegenden Anforderungen in keiner Weise

Bleibt die Frage, wer die grundlegenden Anforderung festlegt. Die Standards in Rahmenlehrplänen oder Bildungsplänen müssen angesichts der unterschiedlichen schulischen Gegebenheiten ein gewisses Maß an Offenheit haben. Sie kennzeichnen Standards mit mittlerem Abstraktionsgrad, der eine Bandbreite an Realisierungen zulässt. An der Schule und für die Klasse müssen die Anforderungen konkretisiert werden, zum Teil auch mit den Schülern. In der schulischen Realität schärfen sich die Anforderungen mit Bezug auf die konkrete Klasse und den Unterricht. Letztlich ist mithin die Lehrkraft selbst zuständig für die Setzung der Anforderungen an die jeweiligen Kinder.

Sonderfall VerA: Vergleichsarbeiten

Nach der Veröffentlichung der ersten PISA-Studie im Jahr 2001 verständigte sich die Kultusministerkonferenz auf sieben Handlungsfelder, um die Leistungen deutscher Schüler zu verbessern. Im Handlungsfeld 5 wurde vereinbart:

Maßnahmen zur konsequenten Weiterentwicklung und Sicherung der Qualität von Unterricht und Schule auf der Grundlage von verbindlichen Standards sowie eine ergebnisorientierte Evaluation.

Die Bildungsstandards für Deutsch und Mathematik für den Grundschulbereich wurden 2004 verabschiedet. Die ergebnisorientierte Evaluation sollten die zuerst landesweiten, später bundesweiten Vergleichsarbeiten (kurz: VerA), oder auch Sprachstandsfeststellungen erbringen. Sie werden vom Institut für Qualitätsentwicklung im Bildungswesen IQB entwickelt. Ebenso sollen vom IQB „gute Aufgaben“ für den Unterricht erarbeitet werden, die Beispiele für qualitätsvollen Unterricht darstellen (Bremerich-Vos 2009).

Derzeit werden in allen dritten Klassen zeitgleich im Frühjahr Vergleichsarbeiten im Fach Deutsch (Lesen plus ein weiterer Bereich) und im Fach Mathematik geschrieben. Die Vergleichsarbeiten können aber in der gegenwärtigen Konstruktion nicht einlösen, was ihre Aufgabe ist, ein zusätzliches Instrument zur Qualitätsentwicklung an Schulen zu sein. Die Gründe hierfür sind vielfältig.

> Ein Beispiel aus den Deutschaufgaben von 2008: Die Kinder sollten das Adjektiv zur Wortfamilie „Kampf“ finden. Kinder schrieben z. B. „kämpferlich“, weil ihnen das übliche Adjektiv „kämpferisch“ nicht geläufig war. Sie hatten damit das in der Aufgabe gemeinte Können gezeigt: Sie hatten ein Adjektiv wortartengemäß gebildet und es gehört zur gewünschten Wortfamilie. Die Auswertungsanweisung verlangte aber, dass nur das übliche Adjektiv als richtig galt. Die unübliche, aber im Sinne der Zielsetzung zutreffende Adjektivbildung galt als falsch.

VerA – nur bedingt brauchbar

Was führt zu so unsinniger und die tatsächlichen Leistungen der Kinder missachtenden Beurteilung? Die Testaufgaben müssen in kurzer Zeit erstellt, durch Pre-Tests vorgeprüft und in die Schlussfassung gebracht werden. Sie werden dann an den Schulen von den beteiligten Lehrkräften durchgeführt und ausgewertet. Diese Konstruktion führt zu Restriktionen in der Aufgabenstellung und Auswertung: Es werden zumeist einfache Aufgabenmuster verwendet, bei denen unterstrichen oder angekreuzt werden muss. Bei Textantworten sind, wie im Beispiel, gültige Lösungen vorgegeben. Alle Antworten, die nicht den vorgegebenen Lösungen entsprechen, sind als falsch zu bewerten. Dadurch sind komplexere und deshalb besonders bedeutsame Kompetenzen, eigenständige Lernwege und Lösungen nicht zu ermitteln. Gerade sie sind für die Qualitätsentwicklung aber zentral. Die Auswertung durch die Lehrkräfte selbst und der häufig spürbare Erfolgsdruck, oft auch durch die Schulaufsicht mit verursacht, führt zu Schummeleien und Schönungen bei Durchführung und Auswertung. Deshalb sind die Ergebnisse nicht vergleichbar und für den gewünschten Zweck nur sehr bedingt brauchbar.

Zu textlastige Aufgaben demotivieren – zu diesem Thema mehr unter www.grundschulverband.de/bildungspolitik/vergleichsarbeiten/

Zudem ergab die aufgabenkritische Begleitung über die Jahre hinweg, dass die Aufgaben häufiger zu textlastig, im Niveau für viele entmutigend und fachlich fragwürdig sind.

Derzeit ist es wichtig, die Tests als das einzuordnen, was sie ausschließlich vermögen: eine externe Rückmeldung über einen begrenzten Bereich von Leistung. Zudem müssen auch entgegen den restriktiven Richtig-falsch-Lösungen die Ergebnisse der Kinder genauer angesehen und z. T. anders gewertet werden, siehe das Beispiel S. 111. Da die Diskussion um die Qualität der Vergleichsarbeiten nicht abgeschlossen ist und das IQB auch sog. „guten Aufgaben" erstellen wird, ist die weitere Entwicklung abzuwarten.

13.6 Zeugnisse

Zeugnisbeispiel Klasse 4, Mathematik

Einmaleins-Pass, Eigenschaften von Zahlen, Schätzung von Ergebnissen, Schriftliches Multiplizieren, schriftliches Dividieren auch mit zweistelligen Zahlen, Geometrie, Körper, Textaufgaben

Die Grundrechenarten beherrschte Nassim sicher auch in den schriftlichen Formen. Sie begriff sie rasch, konnte Aufgabenstellungen finden und durchschauen und fand Lösungswege auch bei komplizierten Textaufgaben. Sie entdeckte als hilfreich die Arbeit mit einer Partnerin, in der einzeln gerechnet und dann verglichen wurde. Rechenfehler unterliefen ihr nur, wenn sie nicht konzentriert arbeitete.

Lernentwicklungsbericht

Im Beispiel werden zuerst die Ziele und Inhaltsbereiche der Klasse 4 aufgezählt. Dann erfolgt auf diesem Hintergrund der Beurteilungstext, wobei der Bezug zum Lernprozess auch in dieser Kürze erkennbar ist.

In den Eingangsklassen werden bundesweit keine Zensuren erteilt und entsprechend keine Zensurenzeugnisse geschrieben. In den Zeugnissen wird stattdessen in freier Formulierung über Lernfortschritte und Lernstände des einzelnen Kindes, möglicherweise über weitere Lernperspektiven Auskunft gegeben. Dazu haben sich verschiedene Varianten herausgebildet, die weniger oder mehr geeignet sind, das mit Lernentwicklungsberichten Gemeinte umzusetzen:

- **Rasterzeugnisse** nennen Kriterien, die dann für das Kind angekreuzt werden. Ein Beispiel für den Deutschunterricht: In der Reihe „schreibt lesbare eigene Text" sind qualifizierende Zusätze anzukreuzen wie selten – in der Regel – häufig – immer. Solche generalisierenden Angaben können weder Kinder noch ihre Eltern auf die individuelle Lernentwicklung beziehen; mit den Zusätzen werden Zensuren lediglich mit anderen Wörtern kostümiert.

- **Bausteinzeugnisse** werden aus einer Sammlung standardisierter Formulierung ausgewählt, wie sie für das Kind gerade passend erscheinen. Zum Beispiel kann zum Lesen ausgesucht werden: „kann einen Text wortgetreu und flüssig lesen" / „kann den Sinn des Textes erfassen und nacherzählen". Die Handhabung ist zwar, gerade auch am Computer durch Copy-and-paste-Verfahren, ökonomisch. Konkrete auf das Kind bezogene Entwicklungen und Perspektiven können aber nicht sichtbar werden.
- **Berichtszeugnisse** enthalten einen frei formulierten Text der Lehrkraft. Hier kann sie sich sowohl auf das Kind selbst als auch auf den konkreten Unterricht beziehen. Eine zusätzliche Information erhält das Zeugnis, wenn es auch Ziele und Inhaltsbereiche des Unterrichts enthält wie im Beispiel oben.
- **Briefzeugnisse** sind Briefe an das Kind. Durch die persönliche Anrede gelingt es leichter, den Blick auf das Kind und auf seine Entwicklung zu halten und konkret über das Kind und auf das Kind hin zu formulieren.

Kinder verdienen individuell formulierte Zeugnisse.

Manche Lehrkräfte greifen lieber auf Bausteinzeugnisse zurück, weil sie sich ein frei formuliertes Zeugnis nicht zutrauen. Das ist unnötige Ängstlichkeit. Jede Lehrkraft kann bei entsprechender gedanklicher Vorbereitung dem Kind mündlich erklären, wie es lernt, wo es steht und was im Weiteren zu tun ist. Ebenso kann sie dies den Eltern in Bezug auf das einzelne Kind mitteilen. Genau dies muss nun schriftlich erfolgen. Nicht mehr, aber auch nicht weniger.

Zensurenzeugnis

Oft schon Ende Klasse 2, sonst ab Klasse 3 müssen an den meisten Grundschulen Zensurenzeugnisse geschrieben werden. Zur Ermittlung der Note in einem Fach sind alle Fachbereiche und alle Leistungsaspekte einzubeziehen: In Deutsch z.B. dürfen nicht nur die Bereiche Schreiben mit Rechtschreiben und Lesen leitend sein, hinzu kommen der Bereich Sprechen und Zuhören sowie Sprache und Sprachgebrauch. Es dürfen nicht nur schriftliche Arbeiten berücksichtigt werden, sondern ebenso mündliche und praktische Leistungen wie ein Buch vorstellen, einen Büchertipp geben, eine Leseschachtel erstellen und vorführen, ein Referat vorbereiten, sich in der Gruppe abstimmen, das Referat vor der Klasse halten.

Angesichts der Zensurenproblematik und der fehlenden Kindbezogenheit dieser Zeugnisse ergänzen manche Lehrkräfte das Zensurenzeugnis durch einen Zeugnisbrief, der direkt an das Kind adressiert ist. Da alle Fächer im Zensurenzeugnis berücksichtigt sind, kann für den Brief frei und sehr persönlich ausgewählt werden, worüber und wie geschrieben wird. Für das Kind sollte erkennbar sein: Hier bin ich gemeint, ich finde mich wieder. Ich bin der Lehrerin wert, dass sie mir diesen Brief geschrieben hat.

Kopiervorlage

Pädagogische Leistungskultur

Recherchen zum Leistungsbegriff

- Ermitteln Sie, welche Angaben zum Verständnis von Leistung, zur Diagnose und zur Beurteilung von Leistungen Sie vorfinden: in den einschlägigen Vorschriften Ihres Bundeslandes, im Schulprogramm Ihrer Schule.
- Entsprechen die Aussagen in den Vorschriften und im Schulprogramm eher der Entwicklungsfunktion oder der Steuerungsfunktion?
- Entsprechen die Angaben zu Zensuren und Zeugnissen dem hier Dargelegten?

Beobachten und pädagogisches Tagebuch

- Nehmen Sie sich eine zeitlich verteilte Beobachtung vor. Wählen Sie zwei oder drei Kinder, die sich üblicherweise im Unterricht nicht besonders auffällig verhalten. Wählen Sie dazu eine standardisierte Situation, die möglichst jeden Tag in Ihrem Unterricht vorkommt. Beobachten Sie die ausgewählten Kinder täglich.
- Beginnen Sie ein pädagogisches Tagebuch. Schreiben Sie Ihre zeitlich verteilten Beobachtungen auf, dazu Beobachtungen, die Sie bei den Kindern ungeplant machen. Vermeiden Sie dabei abschließende Bewertungen. Wenn Sie bewerten, dann hypothetisch, also mit Fragezeichen versehen.
- Was wollen sie außerdem ins pädagogische Tagebuch schreiben?

Vier Handlungsfelder: Erarbeitung eines Repertoires

- Erarbeiten Sie sich ein Repertoire an Handlungsmöglichkeiten für alle vier Felder. Am besten ist natürlich, ein solches Repertoire im Kollegium zu erarbeiten und es systemisch zu vereinbaren.

	Diese Möglichkeiten kenne ich schon, nutze ich schon.	Das möchte ich gern ausprobieren, mit den Kindern entwickeln
Lernstände feststellen		
Lernentwicklungen bestätigen		

▶

▶

	Diese Möglichkeiten kenne ich schon, nutze ich schon.	Das möchte ich gern ausprobieren, mit den Kindern entwickeln
Lerngespräche führen		
Eigene Lernwege beschreiben		

- Wenn Sie neue Handlungsmöglichkeiten einführen wollen, dann nehmen Sie nicht mehrere auf einmal. Wählen Sie eine aus. Führen Sie sie sorgfältig ein, besprechen sie mit den Kindern das Nötige, nutzen Sie das Eingeführte regelmäßig und reflektieren Sie über den Erkenntnisgewinn für sich und für die Kinder.

Briefe an Kinder – würdigen und beurteilen

- Schreiben Sie an einige Kinder einen persönlichen Brief über etwas, das Sie besonders gefreut hat oder was Sie sich mit dem Kind vornehmen wollen.
- Schreiben Sie in dieser Weise jeden Tag einige solcher Briefe. Sie üben dabei, sich auch schriftlich den Kindern zuzuwenden. Die Kinder wiederum wird Ihr Brief besonders erfreuen. Sicher schreiben Kinder auch zurück.
  Unabhängig vom Zeugnistermin: Schreiben Sie einen Lernentwicklungsbericht, geben ihn aber nicht weiter. Sie nehmen ihn als Zwischenbericht über das Kind in ihr pädagogisches Tagebuch auf. Schreiben Sie in Berichtsform oder als Brief. Sie werden merken, dass Sie in dem einen oder anderen Punkt unsicher sind. Beobachten Sie daraufhin das Kind, sehen Sie gegebenenfalls seine Arbeitsdokumente noch einmal an.

Literatur

Arbeitsgruppe Primarstufe (2006): Sind Noten nützlich – und nötig? Ziffernzensuren und ihre Alternativen im empirischen Vergleich. Grundschulverband: Frankfurt a. M.

Arnold, Rolf/Lermen, Markus (2007): Bedeutung digitaler Medien in der Wissensgesellschaft. In: Fernausbildung und nachhaltige Kompetenzentwicklung. Tagungsband zum 4. Fernausbildungskongress 2007.

Bambach, Heide (1994): Ermutigungen. Nicht Zensuren. Faude: Lengwil.

Bartnitzky, Horst (2011[15]): Sprachunterricht heute. Cornelsen Scriptor: Berlin.

Bartnitzky, Horst (2007): Grammatikunterricht in der Grundschule. Cornelsen Scriptor: Berlin.

Bartnitzky, Horst/Hecker, Ulrich (2006): Pädagogische Leistungskultur. Materialien für Klasse 3 und 4. Heft: Deutsch. Grundschulverband: Frankfurt a. M.

Bartnitzky, Horst/Brügelmann, Hans/Hecker, Ulrich/ Schönknecht, Gudrun (2006): Pädagogische Leistungskultur: Materialien für Klasse 3 und 4, Heft: Zum Umgang mit Noten. Grundschulverband: Frankfurt a. M.

Bartnitzky, Horst/Brügelmann, Hans/Hecker, Ulrich/ Schönknecht, Gudrun (2005): Pädagogische Leistungskultur: Materialien für Klasse 1 und 2. Grundschulverband: Frankfurt a. M.

Bartnitzky, Horst/Christiani, Reinhold (Hrsg.) (1998): Die Fundgrube für Freie Arbeit. Cornelsen Scriptor: Berlin.

Bartnitzky, Horst/Hecker, Ulrich/Lassek, Maresi (Hrsg.) (2012): Individuell fördern – Kompetenzen stärken. Materialien für die Eingangsstufe. Grundschulverband: Frankfurt a. M.

Bartnitzky, Horst/Hecker, Ulrich/Mahrhofer-Bernt, Christina (Hrsg.) (2011): Grundschrift. Damit Kinder besser schreiben lernen. Grundschulverband: Frankfurt a. M.

Bartnitzky, Horst/Speck-Hamdan, Angelika (Hrsg.) (2007) Pädagogische Leistungskultur: Ästhetik, Sport, Englisch, Arbeits-und Sozialverhalten. Grundschulverband: Frankfurt a. M.

Bartnitzky, Horst/Speck-Hamdan, Angelika (Hrsg.) (2006) Pädagogische Leistungskultur: Materialien für Klasse 3 und 4. Grundschulverband: Frankfurt a. M.

Bartnitzky, Horst/Speck-Hamdan, Angelika (Hrsg.) (2005): Deutsch als Zweitsprache lernen. Grundschulverband: Frankfurt a. M.

Bartnitzky, Horst/Speck-Hamdan, Angelika (Hrsg.) (2004): Leistungen der Kinder: wahrnehmen – würdigen – fördern. Grundschulverband: Frankfurt a. M.

Bergsson, Marita/Luckfiel, Heide (2012[9]): Umgang mit „schwierigen" Schülern. Cornelsen Scriptor: Berlin.

Böhm, Thomas (2010): „Die medizinische Versorgung. Medizinische Hilfeleistung durch Lehrer". In: SchulRecht. 5–6 2010. S. 52.

Böttcher, Ingrid (Hrsg.) (20106): Kreatives Schreiben. Cornelsen Scriptor: Berlin.

Böttcher, Ingrid/Becker-Mrotzek, Michael (2006): Texte bearbeiten, bewerten und benoten. Cornelsen Scriptor: Berlin.

Bos, Wilfried/Hornberg, Sabine/Arnold, Karl-Heinz, Faust, Claussen, Claus (2006): Mit Kindern Geschichten erzählen. Cornelsen Scriptor: Berlin

Brautmeier, Jürgen/Ministerium für Bundesangelegenheiten, Europa und Medien (2012): Landesregierung plant Medienpass für Kinder und Jugendliche / Bürgerinnen und Bürger können ihre Ideen online einbringen. Unter http://www.medienpass.nrw.de → Initiative → Meldungen → Meldung vom 14.06.2011 (letzter Zugriff am 10. Juli 2012)

Bremerich-Vos, Albert/Granzer, Dietlinde/Behrens, Ulrike/Köller, Olaf (Hrsg.) (2009): Bildungsstandards für die Grundschule: Deutsch konkret. Cornelsen Scriptor: Berlin.

Brügelmann, Hans (1997): Die Öffnung des Unterrichts muss radikaler gedacht, aber auch klarer strukturiert werden. In: Balhorn, Heiko/Niemann, Heide (Hrsg.) (1997): Sprachen werden Schrift. Libelle: Lengwil, S. 43–60.

Gabriele, Fried, Lilian/Lankes, Eva-Maria (Hrsg.) (2007): IGLU 2006. Lesekompetenzen von Grundschulkindern in Deutschland im internationalen Vergleich. Waxmann: Münster, S. 288.

Dehn, Mechthild (2010^2): Zeit für die Schrift I. Lesen lernen und schreiben können. Cornelsen: Berlin.

Dehn, Mechthild/Hüttis-Graff, Petra (2006): Zeit für die Schrift II. Beobachtung und Diagnose. Cornelsen: Berlin.

Diehr, Bärbel/Rymarczyk, Jutta (Hrsg.) (2010): Researching Literacy in a Foreign Language among Primary School Learners. Forschung zum Schrifterwerb in der Fremdsprache bei Grundschülern. Peter Lang: Frankfurt a. M.

Engin, Hawa /Müller-Boehm, Eva/Steinmüller, Ulrich/Terhechte-Mermeroglu, Friedrike (2004): Kinder lernen Deutsch als zweite Sprache. Cornelsen Scriptor: Berlin.

Forster, Ursula (1993): Feuer, Wasser, Blitz … Manche möchten nur den Kopf in die Schule schicken, aber immer kommt das ganze Kind! In: Haltung und Bewegung 13 1993 2, S. 48.

Gallin, Peter/Ruf, Urs (1998): Sprache und Mathematik. Kallmeyer: Seelze.

Geissler, Rainer/Weber-Menges, Sonja (2008): Migrantenkinder im Bildungssystem: doppelt benachteiligt. In: Aus Politik und Zeitgeschichte H. 49, S. 15 f.

Grundschulverband (2003): Leitkonzept zeitgemäßer Grundschularbeit. In: Grundschulverband aktuell H. 81, S. 5–8.

Hecker, Ulrich (2009): Schule als Lern- und Lebensort. In: Bartnitzky, Horst u. a. (Hrsg.) (2009): Kursbuch Grundschule. Grundschulverband: Frankfurt a. M., S. 361 ff.

HOFFMANN, REINHILD/WEIS, INGRID (2011): Deutsch als Zweitsprache – alle Kinder lernen Deutsch. Cornelsen Scriptor: Berlin.

HÜTHER, GERALD (2009): Schule träumen im Theater. Auf (der DVD): Ohne Gefühl geht gar nichts! Worauf es beim Lernen ankommt. Auditorium Netzwerk: Freiburg.

HOFFMANN, BIRGIT (2012): Kinderschutz durch und in Schule. Zeitschrift Schulrecht. 3–4/2012, S. 26–29.

JUGEND- UND FAMILIENMINISTERKONFERENZ (Hrsg.) (2004): Gemeinsamer Rahmen der Länder für die frühe Bildung in Kindertageseinrichtungen. Beschlüsse der Jugendministerkonferenz vom 13./14.5.2004 und der Kultusministerkonferenz vom 3./4.6.2004, unter: http://www.kmk.org/fileadmin/pdf/PresseUndAktuelles/2004/Gemeinsamer_Rahmen_Kindertageseinrich_BSJMK_KMK.pdf (letzter Zugriff am 10. Juli 2012).

JUGEND- UND FAMILIENMINISTERKONFERENZ (Hrsg.) (2009): Den Übergang von der Tageseinrichtung für Kinder in die Grundschule sinnvoll und wirksam gestalten – Das Zusammenwirken von Elementarbereich und Primarstufe optimieren. Beschlüsse der Jugendminister- und der Kultusministerkonferenz, unter: http://www.kmk.org/fileadmin/veroeffentlichungen_beschluesse/2009/2009_06_18-Uebergang-Tageseinrichtungen-Grundschule.pdf (letzter Zugriff am 10. Juli 2012).

KULTUSMINISTERKONFERENZ (2010): Übergang von der Grundschule in Schulen des Sekundarbereichs I. Unter: http://www.kmk.org/fileadmin/veroeffentlichungen_beschluesse/2010/2010_10_18-Uebergang-Grundschule-S_eI1-Orientierungsstufe.pdf

KULTUSMINISTERKONFERENZ (2004): Standards für die Lehrerbildung: Bildungswissenschaften. Unter: http://www.kmk.org/no_cache/bildung-schule/allgemeine-bildung/lehrer/lehrerbildung.html?sword_list[0]=lehrerbildung (letzter Zugriff am 10. Juli 2012)

KULTUSMINISTERKONFERENZ (2004): Bildungsstandards im Fach Deutsch für den Primarbereich. Beschluss vom 15.10. 2004.

KLIPPEL, FRIEDERIKE (2009[6]): Englisch in der Grundschule. Lehrerbücherei Grundschule. Cornelsen Scriptor: Berlin.

LEGUTKE, MICHAEL/MÜLLER-HARTMANN, ANDREAS/SCHOCKER-VON DITFURTH, MARITA (2009): Teaching English in the Primary School. Klett: Stuttgart.

LEHMANN, RAINER H./PEEK, RAINER/GÄNSFUSS, RÜDIGER (1997): Aspekte der Lernausgangslage von Schülerinnen und Schülern der fünften Klassen an Hamburger Schulen. Behörde für Schule, Jugend und Berufsbildung: Hamburg.

LIEBERS, KATRIN (2008): Kinder in der flexiblen Schuleingangsphase. Perspektiven für einen gelingenden Schulstart. Verlag für Sozialwissenschaften: Wiesbaden.

Luckfiel, Heide (1998): Ich weiß nicht, was ich machen soll! In: Bartnitzky, Horst/ Christiani, Reinhold (Hrsg.) (1997): Die Fundgrube für jeden Tag. Cornelsen Scriptor: Berlin.

Lumer, Beatrix (Hrsg.) (2001): Integration behinderter Kinder, Cornelsen Scriptor: Berlin.

Medienanstalt Hamburg/Schleswig-Holstein (2010): Medienbildung – (k)ein Unterrichtsfach? Unter: http://www.ma-hsh.de/aktuelles-publikationen/publikationen/studie-medienbildung (letzter Zugriff am 10. Juli 2012).

Medienberatung NRW (2012): Analysieren und Reflektieren – Entwurf in der Pilotphase. Unter http://www.lehrplankompass.nrw.de/analysierenreflektieren.htm (letzter Zugriff am 10. Juli 2012).

Medienberatung NRW (2012): Medienpass NRW und Lehrplankompass. Unter http://www.lehrplankompass.nrw.de/ (letzter Zugriff am 10. Juli 2012).

Medienpädgogischer Forschungsverbund Südwest (2010): KIM-Studie 2010. Unter http://www.mpfs.de/?id=192 (letzter Zugriff am 10. Juli 2012).

Peschel, Falko (2001): Offener Unterricht ist präventiver Unterricht – Präventiver Unterricht ist Offener Unterricht. In: Lumer, Beatrix (Hrsg.): Integration behinderter Kinder. Cornelsen Scriptor: Berlin, S. 74–88.

Peschel, Falko (2002): Offener Unterricht – Idee, Realität, Perspektive. Teil I: Allgemeindidaktische Überlegungen. Teil II: Fachdidaktische Überlegungen. Schneider Hohengehren: Baltmannsweiler.

Portmann, Rosemarie/Schneider, Elisabeth: (1988): Brückenschläge. Von der Grundschule zu den weiterführenden Schulen. Agentur Dieck: Heinsberg.

Potthoff, Ulrike/Steck-Lüschow, Angelika/Zitzke, Elke (2008): Gespräche mit Kindern. Cornelsen Scriptor: Berlin.

Schmid-Schönbein, Gisela (2001): Didaktik: Grundschulenglisch. Cornelsen Scriptor: Berlin,

Schulz von Thun, Friedemann (2001[34]): Miteinander reden. Band 1: Störungen und Klärungen. Band 2: Stile, Werte und Persönlichkeitsentwicklung. Rowohlt: Reinbek bei Hamburg.

Seiwert, Lothar J. (2003): „Wenn Du es eilig hast, gehe langsam". Campus: Frankfurt a. M.

Speck-Hamdan, Angelika (2011) Schulanfänge – Situation in den Ländern. In: Grundschule aktuell, Heft 115, S. 8–12.

Speck-Hamdan, Angelika (2010) Die flexible Eingangsstufe – Konzepte und Erfahrungen. In: Diller, Angelika/Leu, Hans-Rudolf/ Rauschenbach, Thomas (Hrsg.): Wie viel Schule verträgt der Kindergarten. Annäherung zweier Lernwelten. Deutsches Jugendinstitut: München. S. 217–234.

SPECK-HAMDAN, ANGELIKA (2009): Bedingungen und Grundannahmen zur Entwicklung und zum Lernen. In: BARTNITZKY, HORST u. a. (Hrsg.): Kursbuch Grundschule. Grundschulverband: Frankfurt a. M. 2009, S. 174 f.

SPINNER, KASPAR H. (Hrsg.) (2006): Lesekompetenz erwerben, Literatur erfahren. Cornelsen Scriptor: Berlin.

SUNDERMANN, BEATE/SELTER, CHRISTOPH (2006): Beurteilen und Fördern im Mathematikunterricht. Cornelsen Scriptor: Berlin.

THISSEN, FRANK (2012): iPads in Schulen. Unter http://www.multimedia-didaktik.de/ipad/ipads-in-schulen (letzter Zugriff am 10. Juli 2012)

ZEHNPFENNIG, HANNELORE/ZEHNPFENNIG,HELMUT (1992): Was ist „Offener Unterricht"? In: Landesinstitut für Schule und Weiterbildung (Hrsg.): Schulanfang. LSW: Soest, S. 46–60.